Über dieses Buch

Der »bekannte Wiener Kabarettist«, wie Qualtinger etwas gönnerhaft gern in deutschen Landen genannt wird und der doch mehr ist – in seinen besten Texten durchaus seinen Vorbildern Horváth, Nestroy, Schnitzler und Karl Kraus vergleichbar –, führt in diesem jüngsten Buch Herrn Karls Erben vor. Es sind Liebediener und Kompromißler, Kraftmeier, Aufschneider und Kriminelle, düstere Zeitgenossen also, mit »einem soliden schwarzen Herzen ausgestattet«. Qualtinger, der sich geistig und physisch auf der Bühne verausgabt, kann nur gesprochene Texte schreiben und das ist gut so. Aus seinen bissigen, lakonisch hingeworfenen Szenen und Monologen hört man seinen Tonfall heraus. Es sind kabarettistische Porträts, diese miesen Kerle, die durch die Straßen von Wien schleichen.

Ein Meisterstück der kleinen Prosa ist die Titelgeschichte »Der Mörder«. In dem Monolog des Mörders neben der Leiche seiner Frau, von der er sich nach dreißig Ehejahren mit dem Fleischklopfer getrennt hat, entlädt sich der ganze aufgestaute Ekel gegen die jahrzehntelang mitgelebte Spießerdumpfheit. Die Erinnerung daran, daß die Frau beim Verspeisen vieler Torten in der Konditorei nach jedem Bissen nach Luft geschnappt hat, »dann hat sie sich die Finger abgeschleckt. Als ob's 24 Finger hätt' ... lang« – kein Grund zum Mord? Aber auch die Geschichten vom Herrn im Salonsteirer, für den der Humanismus bei den Bettnässern aufhört oder vom österreichischen Ranger in der Portiersloge einer Wiener Ami-Unterkunft, der enttäuscht ist, weil er dort nicht schießen kann wie in Vietnam, sind traurig – böse Momentaufnahmen eines enttäuschten Zeitgenossen. In Themen und Tonfall Texte, in denen Qualtinger leibt und lebt – wie auf der Bühne.

Der Autor

Der Österreicher Helmut Qualtinger ist als Kabarettist und Schauspieler weit über die Grenzen seines Landes hinaus bekannt geworden. Er ist meist Verfasser, immer aber zumindest Mitverfasser der parodistischen Texte seines Kabaretts. »Der g'schupfte Ferdl«, »Der Halbwilde«, »Travnicek« sind die berühmten Figuren seiner Satiren. Den ganz großen Erfolg brachte 1961 »Der Herr Karl« (zusammen mit Carl Merz geschrieben).

Helmut Qualtinger

Der Mörder und andere Leut'

Monologe, Dialoge und Szenen

Fischer Taschenbuch Verlag

Fischer Taschenbuch Verlag
September 1977
Ungekürzte Ausgabe
Umschlagentwurf: Jan Buchholz / Reni Hinsch
Fischer Taschenbuch Verlag GmbH, Frankfurt am Main
Lizenzausgabe mit freundlicher Genehmigung des
Albert Langen–Georg Müller Verlages GmbH, München

Gesamtherstellung: Clausen & Bosse, Leck (Schleswig)
Printed in Germany
380-ISBN-3-596-21849-7

Inhalt

Der Mörder:

(Vor ihm liegt sein Opfer, das Instrument, einen Fleischklopfer, hält er in der Hand. Er spricht abwechselnd als Mann und als Frau.)
Wie hast du mir das antun können? – Nach dreißigjähriger Ehe – Und jetzt soll ich womöglich noch dein Blut abwaschen. Ich hab ja gleich gesagt: Schau, obs einen in Plastik gibt . . . Laß mich nur machen – vom Flügel bis zur Glaswand bei den Büchern . . . Na mach! Mach! Wie oft hast du Klavier gespielt? Wie oft hast du gelesen? Zeitungen . . . Aber *vor* mir . . . Vor mir, *vor* mir . . . Gestern hat man sich die Haar färben lassen . . . Rosa . . . Ausgschaut hast als a ganzer wie ein Geschwür – Putz dir einmal die Zähn, na, ins Kino muß sie . . . »Und der Topf kann nicht beten« . . . Früher is manchmal ins Theater gangen . . . Einmal im Monat . . . Als interessierter Mensch hab ich gfragt: »Was spielt man?« . . . *Ich weiß nicht, lustig is* . . . Lustig, jeden Freitag im Monat (gibt ihr einen Tritt). *Schau, das ist die Vrba-Lyzenz. Na, wast eh, die vom Kino* –
Mich interessiert das nicht – Im Kaffeehaus – net amal anständig Bauernschnapsen . . . Eine-

gschlichn is und sagt: *Wennst amal Zeit hast, muß ich dir was sagen.* Mir is die ganze Lust zum Schnapsn vergangen (Tritt) Sie merkt nichts: *Weißt du, wo die Gustav-Zwinz-Gasse ist? Die Frau Lebedan möchts wissen.* Die Lebedan hat an Namen wie a Gallenpräparat und schaut aus wie ein Thunfisch ... Ich kenn Thunfische nicht persönlich – nur aus der Dosen (neuer Tritt). Verwöhnt hast du mich – das Hochzeitsessen – Thunfisch – Vorspeise – Nachspeise Malakofftorte (bei jedem Wort Tritte): Schwarzwäldertorte, Doboschschnitte, Erdbeertorte, Cremeschnitte, Schaumrollen, Punschkrapferln, Esterházytorte, Salzburger Nockerln (Er hält erschöpft inne).
Am Nachmittag in der Konditorei ... Nach jedem Bissen hats nach Luft gschnappt in dem rauchigen Lokal ... *Heute schmeckts mir wieder* ... Es hat ihr eh jeden Tag gschmeckt ... Dann hat sie sich die Finger abgschleckt. Als obs 24 Finger hätt ... ghabt hätt ... lang ... Und mit den Freundinnen gredt ... Ich habs öfters beobacht ... Was die da gredt haben? ... Ja, ja, eine erfüllte Ehe wars ...
Mach mir ein Putzerl ... Wos so hochentwickelte Fahrtgurten der Liebe gibt ... Wenn ich einmal still und besinnlich war, gleich bumm! los: *Hast was? Hast bestimmt nichts ... Ich hab dir einen*

Wunschzettel geschrieben . . . Na, du weißt noch nicht . . . Soll ich dirs sagen . . . Bist mir nicht bös . . . Am 16. hab ich meinen 60. . . . Gelt, da freust dich . . . Du brauchst mir nichts zu schenken . . . Fahren wir hinaus . . . Wo die Berg nicht zu hoch sind . . . Wos überall schöne Jausenstationen gibt . . . Am Abend könnten wir fernsehen . . . Das tust du doch so gern . . . Vielleicht lernt man ein paar Leute kennen . . . Die trifft man in Wien dann wieder . . . Grüßt sich und denkt an den Urlaub . . . Man kann mit so wenig den Menschen eine Freude machen. Ich hab vor kurzem am Fußgängerstreifen einem Auto den Vortritt gelassen. Bitte, junger Mann, dann hätte er mich fast niedergstoßen . . . Macht nichts, hab ich mir denkt, kriegt ein anderer meine gute Tat . . . So bin ich . . .

So wars. So ein Leben führt ja niemand . . . Aber ich . . . Ich bin ja katholisch – muß Steuer zahlen und heiraten . . . Immer noch besser als in den Ostländern . . . (Er nimmt ihre Hand hoch) Beim Fleischhauer wars sehr beliebt – *Was haben wir denn heut besonders, ich stell mich gern an – darf ichs angreifen . . . a bissl fett . . . Bedienen Sie ruhig die andere Dame . . . Ich hab Zeit* (läßt die Hand fallen)

Immer hats Zeit ghabt . . . Heftl und Romane san herumglegn und Fernsehzeitschriftn, für jeden

Sender a Zeitung ... Vorlesen hats mir immer wollen ... Na, i siech ja eh ... I bin kein Fernseher ... Das graue Regenwetter, eingsperrt in a Aluminium ... Stellts mir a paar gsalzene Bröseln hin, die nach Leim schmecken ... Was ist das? *Fernsehgebäck ... Wohin fahrn wir im Sommer ...* Bei dem Gsicht gibts bei mir kan Sommer – das Gsicht zaht mir die ganze Wohnung mit ... An die Rax ... An den Klopeinersee ... Da könnt ich auch am Himalaya steigen ... Nix war mit mir ... Drum nützt mir auch eine größere Wohnung nix ... Wenn ich amal am sogenannten Häusel sitz, gehts vor der Tür auf und ab und sagt: *Ich hab nicht gwußt, daß d' drinn bist. – Schön ists, daß man sich nach all den Jahren noch liebhat.* – Das war auf der hohen Wand, wo ich sie zum ersten Mal obifalln hab lassn wolln. Es war mir nur nicht hoch genug. Ich selbst bin auch nicht schwindelfrei. Das waren ihre Bergfreunde. Dann hats wieder Freunde ghabt bei den Zeugen Jehovas. Da is beten gangen für die Hungernden im Himmel. Auf einmal hats einen Kreis im Verein »Altes Wien« ghabt. Überall wos hinkommen is, hats an Kreis ghabt ...
Am schönsten war für sie der Krieg. Beim Luftschutz hats an ziemlich hohen Posten kriegt. Das Zeug is bei uns herumgelegen, die Gasmasken

fürs Volk und die Gase von die Feind, die uns vernichten wollen. Gelbkreuz, Grünkreuz, Blaukreuz – Rotkreuz? . . . Rotes Kreuz war keines dabei. Für den Fall, wenns amal so weit kommen sollte. Wie die Terrorbomben gefallen sind, hat sie sich in unseren Schrebergarten geflüchtet. Ich hab mich schon so gefreut, wie ich Urlaub ghabt hab von der Front, daß sie die Bomben erwischt haben, aber da is noch immer gstanden unterm Weihnachtsbaum. –

Gelt, ich bin dein schönstes Geschenk? Ich hab ihr Seidenstrümpfe geschenkt, aber die Füß warn noch immer dieselben. Dann hab ich ein Bild machen müssen von ihr unterm Baum mit so an Schnoferl (vollzieht es nach). Das wollts mir an die Front nachschicken. Tu das nicht, hab ich gsagt. Der Krieg is eh bald aus. Gfangenschaft, Heimkehr, gekocht hat sie nicht schlecht. Jetzt haben wir die schwere Zeit überstanden, das Alter kann noch wunderschön sein. Wann ich nur gwüßt hätt, wohin ich gehen soll?

Meine Freund, alle verheiratet, mitm Sport bin ich nicht befreundet, Interessen, ja, wie man so sagt, hab ich wenige. Ich weiß nicht, dann bin ich immer bei ihr blieben . . . Na, antwort schon, wie hat uns das passiern können!! (Er setzt sich neben sie auf den Boden.)

Unappetitlich . . . Na, steh schon auf, ich habs ja nicht so gemeint . . . Nach all den dreißig Jahren . . . Eins mußt zugeben . . . Schön wars schon . . . Die Sonntagsausflüg . . . Die Gespräche im Schrebergarten mit den Nachbarn . . . Die Geburtstagsfeiern, wos immer, auch in der schwersten Zeit, a Glasl Sekt gebn hat . . . Und die Weckgläser . . . Mit Marmelad und Fleisch . . . Jetzt sind noch welche da aus den schweren Tagen der Prüfung . . . Sie haben dich überlebt, du hast etwas hinterlassen . . . Die Mayonnaiseeier leider nicht, die muß ich mir jetzt selber machen, aber nur zweimal im Monat, sonst schmeckts wie ein Montag, und es soll ja wie ein Sonntag schmecken . . . Die blöden Fischeier, zu denen die Russen Kaviar sagen, hab ich nie mögen. Kaviar im Gemeindebau . . . Erbaut aus den Mitteln der Wohnbauhilfe . . . von bis . . . unter Bundeskanzler – der Bau ist schon alt, und der Bundeskanzler . . . der liegt auch unter der Erd . . . Wie das Nebenhaus samt der Milchfrau . . . Es freut mich, daß die Kinder das Mosaik nicht mögen . . . Ich hab amal nachm Mayonnaiseei träumt, alle Häuser in Wien habn solche Mosaike . . . Dann hat sie zum Schnarchen angfangt, und i bin wachglegn . . . Wenns leis angfangen hat, da hats mich ja nicht gstört . . . Glaub mir, deswegen hab ich dich nicht getötet ... Ich bin nämlich kein Mörder ... Und du wirst aus mir keinen machen ... Vielleicht krieg ich auch so einen Wohnbauaufbauhof — Mörder sind viel berühmter ... Der weltberühmte Robert Stolz hat weit draußen sei Gassn, ganz weit, durchn Gatsch muß man hatschn ... Der Mozart ist schon etwas näher ... Wer weiß, vielleicht brauchens Namen für neue Anlagen ...

Ich möcht mir den Richter aussuchen können ... Ich weiß schon, was ich trag — bei der Verhandlung ... (Er steht auf) Dunkler Anzug — einfarbige Krawatte ... Und ich weiß auch schon, wie ich schaun werd (Er schaut feierlich) ... A Abzeichn wär halt schön dazu ... Aber das darf man nicht —

Warum sind Tote, wenns auf einmal tot san, so schiach — (Er zieht ein Bild aus der Tasche). Eine stattliche, junonische Person — auf dem Hochzeitsbild kurz nach dem Weltenringen, nach dem Völkermord — Mit Feuersteinen hab ich angfangt — dann ist Sacharin dazugekommen — ab da hats manchmal Papa zu mir gsagt ... Sie hätt eh nie ein Kind bekommen können ... Das kalte Baden im Gänsehäufel — Duschen werdens ja haben in der Strafanstalt — ich komm ja direkt in die Reform hinein ... Schachspieln werd ich ler-

nen ... Ich bin neugierig, wie die das berechnen, meine Tat ... Dabei hat sie gar nix gesagt ... Ich bin z'Haus kommen wie immer (Zum Opfer:) Ich hab wirklich nichts gegen dich ... Sollst es gut haben, da drüben ...Du hast ja immer dran geglaubt, ans Weiterleben ... Dasd a Viech wirst (klatscht sich auf die Schulter). Wannst a Fliegn worden wärst, wärst jetzt schon wieder hin. Die Viecherln merken das gleich. Is schon wieder eine da. (Zeigt auf das Opfer:) Da, da müßts hinfliegen.
Mit dem Strauß Schani hast reden wolln auf den Wolken. Im Kino war ein Film mit dem kleinen Bladen, mit dem Schubert Franzl ... *Einmal, auch wenn ich nicht mehr sein werd, wird er für mich spieln.* »Mensch, der hat ja Brillen auf, der kann dich doch sehen.« *Er wird spüren, daß ich ihn fühl.* »Putz dir lieber die Zähn.« Das Hochzeitsbild muß ich den Journalisten geben. Ich weiß nicht, warum schaun Leichen als a Lebendiger so teppert aus. Weil das wahrscheinlich Teppen san, die lebendig gar nicht in die Zeitung kommen wärn. A Mund wie a Herzerl, aber a böse Goschn hats ghabt. Keine Busserln mehr, kein *Wie wars heut im Gschäft?* Kein *Hast die Vorverkaufsscheine für die Tramway?* Aus is mit dem Traum vom Volkswagen ... Ka Auto gibts mehr, kein Schö-

ner Wohnen, kein Christbaum, den Wüstenrot kannst dir weißt eh wohin stecken, Dein Hut hängt im Vorzimmer.
Kein Osterhasi, keine Eier, auf die man überall tritt, und dann kriegt man vier Wochen harte schwarze Eier wie bei den Chinesen, und die habens auch nur, weils so gelb san (leises Klopfen, lauteres Klopfen, schließlich die Türglocke).
Ja, wer is denn da? – Kurz hab ich mir überlegt, ob ichs wegräum. – Aber die Umständ. So is schöner . . . Soll ich dir an Mantel anziehn, es is ziemlich kalt draußen. – Schirm brauchst keinen. (Fröhlich:) Jetzt fang ich wieder zum Leben an. Das soll mir einmal einer nachmachen. In dem Alter! (Dunkel)

Das Opfer:

... Ich weiß, niemand kann etwas dafür – mein Leben ist einmal so – ich meine, es so gut, aber es kommt nicht heraus – ich will arbeiten, ich will kämpfen, ich will Verantwortung übernehmen – niemand beachtet mich. Wo habe ich nicht überall kandidiert ... als Kanzler ... als Fernsehintendant ... Wo eine Chance war, habe ich sie ergriffen ... Anpacken – ein Zwölf-Stunden-Tag, das wärs für mich ... Nicht einmal in den Osten haben sie mich hereingelassen ... Ich fragte? Warum läßt man mich nicht wenigstens nach Workuta ... Die haben nur gelacht ... Aufräumen zumindest, putzen ... lieb zu den Leuten sein ... Krieg gibts nicht mehr, wo man so nützlich sein kann ... Ich verstehe nicht, daß Menschen den abwechslungsreichen Militärdienst verweigern ... Zu alt ... Dabei bin ich noch in den besten Jahren ... Wenn das, was ich in mir habe, innigst in mir habe, wenn das einmal herauskommt, dann Gnade Gott den Feiglingen, Tachinierern und Drückebergern ... Im Altersheim hat man mich einmal genommen, und

ich habe immer die Leibflaschen vertauscht, daß eine lustige Unterhaltung im Heim stattfindet ... Lieder hat ich erfunden, Märchen erzählt ... Die Alten haben an den Knopf des Fernsehapparates gedrückt, und ich stand wieder auf der Straße ... Gebettelt habe ich, damit ich Schnee schaufeln darf. Was war? Die Maschine hat mich auf die Schippe genommen ... Ich habe ein kleines Einkommen, ich wollte Menschen Geld borgen, niemand hat mir getraut ... Das ist schmerzlich ... Es begann mit meiner Mutter. Früh verlassen von meinem Vater, an dessen Grab ich jeden zweiten Tag stehe, bis mich die Friedhofsverwaltung davonjagt, war ich der einzige Sohn meiner Mutter.
Kränze brachte ich meinem Vater. Von berühmten Sportlern, weil er so gern Sport gelesen hat. Die Zeitungen hab ich dazugelegt ... Auch Opernsänger sind manchmal dabei. Er hat zwar nur eine Oper gehört, aber die Herren werden ohnehin immer umbesetzt ... Bevor meine Mutter aufwachte, habe ich die ganze Hausarbeit gemacht, und was sagt sie: »Jetzt weiß ich nicht mehr, was ich tagsüber machen soll« ... Ich war immer schuld und habe mich stolz verbeugt ... Niemand hat mir etwas geschenkt ... Jetzt geb ich mir hin und wieder kleine Belohnungen, ei-

nen Kinobesuch in der Nachmittagsvorstellung, einen Kaugummi oder – einmal hab ich an einem Haus an allen Schildern geläutet.
Dann kocht mir meine Mutter, ich sage: »Danke, nicht für mich, iß du.« Sie sagt: »Jetzt kann ich das Ganze wieder wegschmeißen.« Dann nehm ich den Mistkübel und gebe mein Essen den Vögeln. Die mögen mich auch nicht. Ich habe immer den Eindruck, daß sie höhnisch tirilieren. Um eine Last mehr zu tragen, heiratete ich. Sie ist Zigarettenraucherin und starke Alkoholikerin. Sie war schon zweimal verheiratet und hat eine ständige Hüftgelenkentzündung. Ich schickte ihr jeden Tag rote Rosen, zuerst war sie freundlich, aber dann in der nächsten Woche fielen häßliche Worte: »Die stinken ja, deine alten Nelken.« Das Schlimmste ist, daß ich von der Rente meines Vaters leben kann. Ich geh ins Wirtshaus – nicht, daß ich mir was gönne – und sage den Leuten: »He, ihr Leute, seid mein Gast . . .« Alles rückt weg, und der Wirt wirft mich hinaus . . . Freunde hatte ich öfter, sie alle sagten: »Wenn du mich noch einmal um zwei Uhr früh anrufst.« Aber Freundschaft ist Freundschaft, und auch um sieben Uhr früh wollten sie meine Stimme nicht hören . . . Wenn einer so viel Glück hat, muß er es den andern mitteilen.

In der Straßenbahn manchmal packt es mich, ich nehme dem Schaffner die Kappe weg und laufe wie ein Wiesel durch den Waggon: »Heute wirds ein schöner Tag.«
Ich mußte abspringen, aber die Schaffnerkappe wurde überfahren. Also die Liebe zur Menschheit gibts nicht ... Ich habe es mit Gläserabwaschen versucht, die Gläser gingen unter meiner Hand kaputt ... Ich meinte: »Scherben bringen Glück.« Dann erhielt ich einen Tritt und fiel in die Scherben, wo ich lang blutete. Ich bin zur Blutbank gegangen und wollte mein Scherflein beitragen, aber die sagten, am Wochenende wüßten sie nicht, was sie mit dem vielen Blut anfangen sollten. Dann bin ich stundenlang im Schnee gestanden und habe Wagen angeschoben. Ich wußte nur nicht, daß der Inhaber in die andere Richtung wollte. Ich merkte es zu spät, da lag er schon unter dem Wagen. Ich bin ein geborenes Glückskind, einmal hab ich Lotto gespielt, und die Glückszahl lag nur eine Zahl drunter ... Eine ganze Zahl ... Ich könnte Menschen stundenlang sehen. Ich hab mich als Bettler angestellt und wollte den Leuten Geld geben. »Pflanzens wen andern«, sagten die Menschen und gingen vorbei ... Im Kinderdorf hat man mich nicht genommen, weil sie sagten, ein so guter Mensch muß

ein Kinderschänder sein. Dabei hätten Sie die Kinder sehen sollen.
Es bleibt nur übrig, ein böser Mensch zu sein. Ich geh zur Caritas, pfeife ein freches Liedchen und lächle höhnisch. Solch eine Provokation haben die noch nicht erlebt. Dann stell ich mich auf den Domplatz und schreie: »Menschlichkeit! Menschlichkeit!« Dann gehe ich zum Tierschutzverein und sage: »Ich bin ein armes Tier.« Die müssen mich nehmen. Da kommen wieder meine Frau und meine Mutter und sagen, das tu ich seit Jahren so. Wieder nichts.
Jetzt mach ich was ganz Neues. Ich zeige niemand, daß ich ein guter Mensch bin. Ich gehe durch die Stadt und denk mir mein Teil. Keiner von den Bürgern weiß die Wirklichkeit . . .

Der Mann, der durch die Stadt geht,
hin und wieder Unsichtbare begrüßend . . .:

Jetzt weiß ich nicht, ists Dienstag oder Donnerstag . . . Freitag hätt ich genau gewußt . . . Da bereitet sich der Sonntag vor . . . Wien hat eigentlich nur eine halbe Woche. Was ist am Sonntag los? Essen tuns außerhalb – Montag ists schwer, wieder starten . . . Wenn Sie mich fragen würden – Servus –, was in die vierziger Jahr war . . . Da sind wir a bissl langsamer gangen – Aber wenns mich nach dem Bundespräsidenten fragen . . . Oder nach dem Mond, ob wir da schon oben waren: keine Ahnung. Warums mich so nach der Inneren Stadt zieht? . . . Weil ich nicht dort wohn . . . Weinhaus . . . Da mach ich immer eine Pause . . . Immer dieselben blöden Gsichter . . . Manchmal is einer gstorben . . . Na geh, der lebt nimmer? So ein Schnipfer . . . Schleicht sich da einfach . . .
Mein übliches Achterl . . . Wird auch immer kleiner . . . Jetzt weiß ich, was sich bei dir verändert hat, Nandi, du hast an Schnurrbart . . . 1955 hab ich auch an ghabt . . . Wegen Staatsvertrag . . . Das Bundesheer is durch die Tür am Heldenplatz

marschiert – und durchs Hintertürl wieder raus ... Die Buben sind heute alle Obersten oder Ranchers oder wie das heißt ... Die grünen Teufel, die ... Na, unsere liebe Ida verwöhnt uns heute gar nicht ... Ja, ich hab schon vor einer Viertelstund bestellt ... Immer mit die alten Trottel, hats gsagt ... Sowas erhält einen jung, find ich ... Was gibts Neues? – Nix? – Na, und der Regen is nix? Und der Autounfall Ecke Tuchlauben ... Aus den Gschäften sind die Leute ... Ein Briefmarkenhändler wollte Erste Hilfe leisten ... Habt ihr was von der Mund-zu-Mund-Beatmung gehört? ... Na ja, natürlich ein Voyeur, der Briefmarkenhändler ...
Heut is mir ein Gedanke gekommen ... Manchmal bin ich so philosophisch, so tief ... Wieviel Kilometer sind wir eigentlich durch die Stadt gegangen, wie oft sind wir an der Ecken gstanden? Welche Gespräche haben sich ergeben ... Ich glaub, der Einstein war gar nicht so gscheit ... Was lests ihr so ... Wenn ichs vermeiden kann, gar nichts ... Ich hab noch einen Volksempfänger aus dem einundvierziger Jahr ... Wie neu ... Nur damals war er lauter ... Geht einer mit mir mit? Bonzo? Ja, du weißt immer so Gschichten ... Zahlen tu ich morgen ... Da solls freundlicher sein, die

Ida ... Na ja, einmal im Monat ists erlaubt ... Weißt, wie mir seit unserm U-Bahn-Bau den Graben genannt haben? ... Den Aufgraben – du kannst darüber gar nichts lachen ... Mit die politischen Witze ists auch schlecht, es gschieht zuviel ...
Erinnerst dich, wie wir die ersten Borsalino-Hüt ghabt haben – und die alten Ami-Platten aus der Schweiz? ... So mancher Aufriß hat in Ehe geendet ... Der Herbert is im Kamelhaarmantel mit der Trixie in die Schweiz gangen – dort habens sich dann scheiden lassen ... Besser als Gattenmord ...
Ja Wurzi, daß dich noch gibt ... Die Alten sind noch immer die Alten ... Jeden Sonntag Kaffee Pichler ... Die alte Runde – ich hab schon erfahren, Bridge tuts ihr jetzt – schamst di net? Nein, laß dich net aufhalten ... Auch ein altes Stück Wien – (ruft ihm nach) Gehst noch manchmal in die Oper? ... Da ärgert er sich immer – er spielt selbst Klavier ... schon lang nicht mehr ... es soll verstimmt sein ... Wer gibt schon Geld für Kultur aus ... Die ... die ... die ... na, jeder hats sehen wollen ... In einem Altersheim ist sie jetzt ... hochgeehrt ... Dem ... dem ... habens den Fiaker ausgspannt ... Hat eine wunderbare Stimme ghabt ... Ich war ja

nicht dort, aber vor allem Mozart . . . Wer Mozart sagt, muß auch Wagner sagen . . .
Du mußt mich einmal besuchen – einen guten Tropfen vom Wirt an der Ecke hab ich immer bei mir . . . Ein frisches Brot, eine Konserve, gfüllte Paprika sind am sichersten . . .
Ein paar deutsche Keks in einer schönen Schachtel . . . Die kann man immer wieder verwenden . . . Den ganzen Casanova in einer neuen Ausgabe, sie kommt zwar aus Mecklenburg, aber allgemein verständlich. Wozu soll ich das Joch der Ehe . . .
Ja Servus, Uschi . . . Ihr kennt euch noch aus dem Luftschutzkeller, wo wir so lustig waren . . . An Schlager haben wir komponiert:

»In einem Warenhause
Abteilung Himbeerbrause
Ist Fräulein Erikas Revier
Da trink ich ohne Pause
Nur immer Himbeerbrause
Denn Fräulein Erika ist hier.«

Beim Peter Alexander muß ich immer daran denken . . . Der hätt zu uns paßt . . . Es geht doch nichts über die Bombenzeit . . .
Was is das? Der Stock im Eisen . . . Wenns den in die Untergrundbahn verpflanzen oder verlän-

gern. Is ja a Stock ... Die Fußgängerzone ... Das is eine glatte Besatzungsmacht ... Die Leut aus der Vorstadt ... Die Ungarn gehn mir am meisten auf die Nerven ... Auch wenns gar nix in der Hand haben, hat man den Eindruck, sie machen Geschäfte ... Wer hat die braucht? – Wann i an Aufstand mach, bleib ich gleich dort, oder fahr nach Amerika ...

Das waren schon peinliche Sachen damals, wie wir die Kochsalzlösung als Penicillin verkauft haben – »Dritter Mann« habts mich genannt damals, und jedesmal, wenn ich zum Karas sein Heurigen gegangen bin, hat er die Melodie gspielt ... Mit zwei Assistenten, die haben mitgezittert ... Der Meister persönlich hat mir erklärt, daß er mehr zupft als zittert ... Aber die Welt hat wieder was von Wien gehabt ... Ich weiß nicht, warum wird der Welt soviel geben ... Wer einmal in dieser Stadt verhaftet war ... Wer einmal in dieser Stadt verhaftet ist, kann ohne den ehrwürdigen Dom und der Jonasgrotte nicht mehr sein ...

Siehst drüben, die Susi mit der Zampfi ... Sonst sinds immer später dran ... Donauweibchendiele ... Die eine hat die andere angsteckt, weils selber angsteckt war ... Die Amis haben gleich Penicillin dabei ghabt ... Einer hat gfragt: Du Jung-

frau? Die Zampfi hat gsagt: Seit meinem zwölften Lebensjahr . . . Und die Susi war origineller und hat glacht: Nur über meine tote Leiche . . .
Die Nazisoldaten haben so Schilder hängen ghabt wie Tortenecken . . . Streifendienst . . . Und das alles manchmal ohne Schnurrbart . . . Es ghört schon viel dazu, Leut aufhängen, wo einmal das Hotel Erzherzog Karl war . . . Das hättens ja gar nicht können, wenn die Amerikaner ihre Bomben nicht obe hätten lassen . . . Ich hab einmal zugschaut beim Entschärfen . . . Fazit: 4 Tote . . . Ich bin entsprechend weit weggangen. Habs aber gleich weitererzählt . . . Unsere Widerstandsbewegung hat immer funktioniert . . . »Na so was«, hat der Nandi gsagt, »da muß man doch etwas dagegen unternehmen.«
Wir waren eigentlich immer die Pioniere der Fußgängerzone . . . Wann hast dir den feschen Stock angschafft . . . Ah vom Onkel Bü . . . Der hat doch ein Raucherbein . . . Ist das nicht ansteckend? . . . Am Naschmarkt seh ich ihn manchmal schleichen und Obst goutieren . . . Dann schleicht er in die Leihbibliothek . . . Drei Pfirsich und drei Bücheln . . . Was liest er denn? . . . Leichtes freilich . . . Die Zeit is eh schwer . . .
Schaun wir in den Neuen Markt eine . . .
Brunnen fließt gar nicht, na freilich, es regnet

ja ... Hast den gsehn, der mich so bös angschaut hat, den muß ich doch kennen aus die fünfzger Jahr ... Ich hab mir ein System geschaffen, die Gsichter aus den siebziger Jahren, die sind noch nicht ganz fertig ... Die Sechziger bestimmt, als wollten sie was fordern, die Idioten, und die Dreißger Jahr sitzen z'Haus ...

Mein Zuhause ... Was hält mich dort ... Solang der Hektor noch gelebt hat ... Der hat sich zuviel erwartet vom Leben ... Daß ich ihn am Sonntag äußerln gführt hab ... Kennenglernt hat er niemand ... Er hat kein Appeal ghabt ... Die andern haben an ihm geschnüffelt und sind gleich weiter ... Dabei war er ein Aristokrat ... Er hat gar nicht Hektor gheißen ... Tschibutsch von Sonnenstein war sein Name von der Zucht ... Manche Lebewesen mögens in Wien nicht ... Schau in die Buchhandlung ... Ich schau nicht hinein, schaust du vielleicht hinein? Ich kenn niemand, der hineinschaut ... Wann kommt man schon dazu ...

Vom Sacher hab ich soviel Gschichten ghört ... Einen Prinzen habens ohne Krawatten eineglassen ... Nein ... Einen Fürsten habens mit Krawatten eineglassen ... Wir haben so glacht ... Wenn ich jetzt wenigstens wüßt, worüber ... Lachen ist selten geworden ... Ich bin neugierig,

ob wir mit der Untergrundbahn auch hin- und herfahren werden ... Das wird a Hetz ... A bißl düster halt ...
Kaufst du dir eine Zeitung? Vielleicht ist wieder wer gstorben? Bist in letzter Zeit kulturell desinteressiert, und gehen tust du mir zu rasch ... Hast vielleicht an Schrittmacher ... Nein, nein mit sowas soll man nicht spaßen ...
Mich hat einmal das Fernsehen interviewt: was ich so tue ... Na, is mir eingfallen, daß ich den Bundespräsidenten wähl, daß diese Straße längst Kaiserstraße heißen müßt und daß mir vorübergehend ab und zu ein Mozartkügerl schmeckt ... Hab ich doch gscheit gsagt.
Der mit der Glatzen, der grüßt mich jetzt auch schon seit Wochen ... Ich glaub, die haben da irgendwas vor in dem Land mit mir – mein Cousin ist im Heeresmuseum – Hausinspektor. Aber hochbelesen mit Clausewitz und Mommsen ... Was die Herren vom Bundesheer halt so auf der Toilett vergessen ... Da fallt mir immer der Gandolf von Habertitzl ein, mein Regimentskommandeur ... Der hat immer gsagt, heut muß ich noch lachen: »Der Krieg wird auf der Toilett geschlagen. Oder im Sanatorium. Na ja, er is ja der Vater aller Dinge.« Nicht der Habertitzl, der Krieg.

Auch im Krieg hats immer noch Mozartkugeln gegeben. Bis zur Ausbombung der Oper ... Na ja, das wär ja pietätlos gwesn ... Was, pubertätslos ... Das hast wieder amal brillant gsagt ... »Grüß Sie Gott!« Wo habens denn den ausglassn. Ich weiß nicht, das Gsicht war mir fremd. Und ich kenn doch alle. Zumindest zwischen elf und ein Uhr ... Jetzt kommt wieder der von vorhin ... Ja zum Teufel, wem ghört denn jetzt die Straßen ... Gehn wir auf die andere Seite, ich glaub alleweil, da is a Verschwörung im Gange ... Welche is jetzt die richtige Seitn ... Die rechte oder die linke ... Man muß immer von der Stadt ausgehen ...
(Das Gespräch verliert sich).

(Tritt auf, beiläufig) ... da hab ich ja noch Glück gehabt mit der U-Bahn ... Bißchen kalt, der Saal – Die können mit diesen Dingen nicht umgehen, mal kalt, mal heiß ... warm wirds nie ... dreißig Jahre nach dem Krieg ... Ja, den sind wir nicht losgeworden ... Das Interesse hat sich auf andere Kriegsschauplätze verlagert – Na ja, mehr so auf Reiseziele – Das mit dem Reisen ... auch son Schwachsinn – der Begriff der Heimat ist uns verlorengegangen ... Vor kurzem im Pissoir hat mir son Tränenonkel sein Schicksal vorgelangweilt ... Hat seine Verwandten wieder besuchen können ... Wahrscheinlich zugeheiratet und er ehemaliger Flieger ... Und die ganze Zeit gepißt ... Ich weiß ja nicht, ob das gut war mit die Stuka, aber damals wars schön – hat in die Zeit gepaßt ... Immer wieder übelnehmen ... Immer wieder übelnehmen ... Ich geb mich im Ausland als Schweizer aus ... Muß man keine Fremdsprachen lernen – hab ich das gesagt oder der Mann aus dem Pissoir ...? Da stand plötzlich son Bulle im Drillich und sagte: »Zehn Pfennig ... Hab ich mirs doch gedacht!« Der hielt mich sicher für nen

Schwulen – Nun hab ich gar nix gegen solche gewiß sehr begabten Menschen ... Aber die machen doch allerhand in Bonn!!! Die sollten doch mal so richtig – Die Schwulen brauchen ihre Pille nich – da wird es einen Bevölkerungszuwachs geben. Bloß – Schwule ... Hervorragende Musiker – aber auch sonst hamse was weg – ich hab mich mit dem Problem nie so richtig befaßt, aber mein Schwager, berufstätig, sagt immer: Nimm dich in acht! Unterschätze sie nicht ... Als Deutscher unterschätze ich niemanden – manchmal die Fußballer – sie bemühen sich ja, aber ... Im Vergleich zu früher sind sie eher ne Art Bundesheer ... Mensch, der Pisser neben mir pißt immer noch ... Dann sieht er zu mir rüber ... Will woll sehen, ob ich Jude bin ... Oder er macht bloß so Kontrollen ... Vielleicht is er ein Maler ... oder n Wissenschaftler ... Ich höre auf, er weg wie die Allwegbahn ... Von wegen Bundesheer ... Man könnte sie ja einziehen ... Zwischending zwischen N.S.K.K. und freiwilligem Arbeitsdienst. Die Autobahnen sind ne halbe Sache – konzentrierte Lager mit Fußballern – oder mal die Tennisspieler vom Rot-Blau Grunewald ... Wir könnten unser Land zu einem Eldorado von Erste-Spitze-Autobahnen gestal-

ten. Unfälle fördern die hohe Kunst unserer Knochenchirurgie . . .
Die Kirchenchirurgie ist auch etwas erholungsbedürftig – Solange alles beim Alten bleibt, sollen sie ruhig reformieren – an nen erwachsenen Menschen kommen sie doch nicht ran – Seelenfummler . . . Obwohl ich so denk . . . Irgendwo sitzt da son höheres Wesen mit ner Pfeife – und denkt sich was . . . Da sitzt de denn nu und weißt nicht mal, obs besser oben is oder unten . . . Das trifft auch auf den Westen und auf den sogenannten Osten zu. Ja, probiert doch euren Ostenmarsch. Lassen euch doch nich rüber –
Die haben selbst Probleme genug – und es blühen die gleichen Kastanienbäume, und die Leute haben ihren Kaffee und Kuchen – sind eben nich so gesprächig wie hier – habense schon nen Taxifahrer gesehn, der nich quatscht? Drüben hab ich einen gesehn . . . Dann wollten wir unsere Verwandten nich länger aufhalten.
Kinder, wir können doch nicht ewig in eurer Kombüse rumzuckeln – Herzliche Verabschiedung . . . Baldiges Wiedersehn . . . Ach, seht mal, Kinder, an der Spree hats ne Leiche angeschwemmt . . . Ausm Osten oder Westen? Darum kümmern wir uns nich . . . Kleinkram –
Sonst sind wir zufrieden. Wir sind so zufrieden,

daß wir uns manchmal nicht ins Gesicht sehen können ... Auf der Rolltreppe ... die Andeutung genügt – manchmal nur ne Kopfbedeckung – Wir Deutsche sehn ja gar nich mehr wie Deutsche aus – die Welt ist bei uns eingezogen – chinesisch, italienisch, jugoslawisch – einmal im Jahr reicht für mich zum internationalen Essen ... Außer, wir haben ne Olympiade (zieht eine Zigarre aus der Tasche und raucht sie mit Genuß). An die Illustrierten kann man sich nicht halten ... was wissen die von unseren wirklichen Sorgen? Na ja, so teuer sind sie auch nicht ... Die Pfeifenraucher sind besser zu kontrollieren, zu erfassen (zieht eine Pfeife aus der Tasche und zündet sie an). Letztes Mal in Kitzbühel geraucht. Ganz zwanglos alles mitgemacht ... Raketen wie Stalinorgeln ... Na, viele Tiroler warn ja in Rußland ... Nich nur als Ski-Asse ... Silvester in Kitz ... Sonst: Grünzeug ... Bestens – Ich kann sagen, wir haben uns kennengelernt – Direktor Atzwang und ich – das war in der Firma sehr wichtig – die anderen sind in den Harz gefahren, die Idioten ... So werden sie unseren Direktor nie kennenlernen ... In ner Wochenschau haben sie uns beide gesehn. Zwischen Eishockey und Bob. In Anorak und dunkler Brille. Mein Junge ... Bob, der Robby will sich immer Bob

nennen. Finden Sie das nicht übertrieben? Jetzt hat er nen Bänderriß! Wird sichs vielleicht überlegen (legt die Zigarette weg – raucht Pfeife). Das kalte Rauchen ist für mich ne Wucht.
Meinen Jungen hab ich mal im Spital besucht, der spricht ja genauso wie ich – Wenn er so mitmarschiert ist mit anderen Jungen – da hat er immer geschrien »Unmöglich«, nachher haben die ganzen anderen Birnenköpfe mitgeschrien. Demonstrativ!
Wir haben ja ähnliche Sachen gemacht. Unsern Klassenvorstand gestellt . . . vorher wollten wir den Physikprofessor in die Luft sprengen, nur mal so rasch . . . den Klassenvorstand aufm Gehsteig und um ihn rum im Ringelreiha . . .
Die haben jetzt son dummes Wort: Ringelheiha . . . Gruppensex . . . Ja, wenns ums Sexuelle geht, das is doch immer dasselbe. Wir haben uns begnügt, ein kleiner Kreis von Gleichgesinnten . . . Wer weiß? Vielleicht kommts noch mal zum Gruppensex. So ne Tüchtige hab ich mal der Frau Direktor Atzwang . . . so ne Richtige in den Hintern gehaut . . . Wenn ich keinen Sonnenbrand mehr habe, dürfen Sie, meinte sie. Bei mir sind diese Dinge ja noch feierlich in Ordnung. Wenn das nicht geregelt ist, können Sie Ihren Laden zusperren (steckt Pfeife ein, raucht Zigarette

weiter). Ich habe mich da ein bißchen vorausgewagt ... Aber ich will Ihnen ja helfen ... Der nackte Sexus, na bitte – die Zwischenform ... aber beileibe nicht spießig ... Es gibt auch saubere Sschweinereien ... die sogenannten kleinen ... Machen gesund ... Das kleine Anfassen in der U-Bahn – U-Bahn-Fahren gibt einem so ein Astronautengefühl ... Oder natürlich U-Boot ... die Wellen kommen von alleine ... (setzt eine Kappe auf, tötet die Zigarette ab) ... Und die Luft – und hier am Horizont: Deutschland ... Man hats schon so lange vergessen gehabt. Die geraden Straßen ... Die Zäune, die immer ans Gemüt erinnern – die Gärten zwischen Zille und Rilke ... Zwischen Oswald Spengler und Adolf Hitler ... Wir sind ein Volk der Einfamilienhäuser ... Kleine Häuser mit weitem Blick nach draußen (schiebt sich die Pfeife in den Mund). Und droben – Bach aus der Mansarde – Schifferklavier und Kirchenorgel, wie nahe sie sich sind ... die weiten Straßen nach Osten, Westen, Süden, Norden ... und die guten Alten am Sonntag mit Kaffee und Kuchen ... Sie haben es noch nicht gefunden, aber sie warten immer noch – Die Frauen mit den bunten Kochbüchern, die nie kochen lernen werden ... Sonnabend gehen wir zu Mario ... Wir sind des Eisbeins müde ... Die farbigen Bücher mit den leckeren Bildern – harmlos wie unsere Politik ... zum Großteil fortschrittlich, liberal, lesen Brecht, sind froh, daß es einen Gott gibt, – wenn es ihn gibt. Ich persönlich habe eine eigene Version. Wie im Krimi ... über das Böse. Die Kriminalität wird ja übertrieben ... (lüpft die Kappe, setzt sie wie ein Richter wieder auf:) Und werden Sie wegen Rauschgift ... was gibtsn da alles. Also Sie werden zu ... Woher soll ich das wissen? Das Rauschgift ist in den Händen eines Dezernates. Da sind noch Leute von der Gestapo dabei, weil man Faschisten braucht.

Ich war ja in Israel. Ich darf als Deutscher doch betonen, daß ich ... daß das Ganze eine herbe Enttäuschung war ... Zuviel Deutsche ... Auch die Juden sind anders geworden. Mit ihren Kibbuzim. Wir haben uns unser altes Einfamilienhaus auch wieder aufgebaut. Genau, wies früher war. Die Bevölkerung – ich darf es wohl sagen – nicht sehr freundlich. Obwohl ich ein bißchen Englisch kann. Leider nur bis zur Sechsten herum. In Teneriffa kann man sich besser erholen. Ein Freund von mir legt sich bei Tel Aviv in die Sonne: sofort tot. Du kannst ja jeden Moment sterben, und bist nich mal Jude

Da, die Männchen, die kleinen, sie eilen und spazieren auf dem Fußgängerstreifen ... Ich sehe immer nur Männchen ... Nicht so wie auf der Toilette ... Männchen. Bloß Männchen. Liegt das an dem Weg, den ich gehe? ... Es ist ein langer Weg ... Mir gehen die Männchen nicht aus dem Kopf – wollen die uns zur Homosexualität erziehn? ... Jeden Verkehrsteilnehmer? Blödsinn! Frauen tragen auch Hosen und gehn schlecht ... (nimmt Kappe ab:) Guten Tag, Herr Doktor – ach, die neue Epidemie ist schon da ... Asiatische? ... Wie? Ich bin dafür, daß man einmal Deutsche Krankheit sagt ... Die Franzosen haben schon eine ... Ja, von mir aus Europäische Grippe ... Ach, Sie meinen, die geben uns bloß den Krebs? Auch nicht schlecht ... haben wir wieder die ganze Welt. – Will Sie nicht aufhalten. Haben jetzt durch das neue Gesetz ganz schön zu tun, was? Sechs Personen suchen eine Pille (lacht, nimmt eine Lenkstange vom Tisch, fährt, nach rückwärts). Wollen Sie Musik? Ich, wenn ich allein bin, höre immer Radio ... Was haben die Kollegen gemacht, wies noch keine Autoradios gegeben hat? Nachgedacht? Denkste! Wir sind ja im Dienst ... Wenn ich die Geschäfte seh ... Schon ne gewaltige Leistung zwischen Ostern bis Weihnachten ... Von Weihnachten bis Ostern ... Immer dasselbe, an ne andere Stelle rücken ... und so tun, als wärs neu ... Merkt man ohnehin an

den Preisen ... (rückt die Kappe korrekter). Mir macht die Technik zu schaffen ... Man verpaßt soviel -- ich hab vor kurzem auf der Käsemesse den japanischen Pavillon gesehn ... Haben uns alles voraus ... Käse, lauter Käse ... Das Tollste ist n Käse, der nach Käse schmeckt.
Nicht mal mit'm Volkswagen schaffen die unseren das ... Für mich schmeckt er nicht nach Fahrzeug ... Mein Sohn – 23 – nur Mercedes ... Vererbungssache ... (legt die Kappe weg, sehr relaxed am Steuer) Ich laß doch keinen überholen, soweit kommts noch ... Da hat er sich geschnitten ... Na, da hats jetzt nen Peng gegeben bei der Kreuzung ... Ich seh nicht so genau ... Aber einer von den Schwerverletzten ist garantiert hin ... Na, vielleicht mit Gurten hat er Chancen ... Ich fahr doch nicht mit Gurten zu einem Mädchen ... Da müßt ich ja ein Masochist sein ... Junge bin ich müde ... (legt Steuer weg). Das Warten kann einen flau machen ... Da mußte zum Amt, stehst nem Sitzenden gegenüber, er fragt dich die entscheidendsten Dinge ... Dann siehste über seinen Kopf hinweg, gleich biste frei ... Vis à vis sehn zwei Burschen aus dem Fenster raus, tun nichts, bloß beobachten ... Wie die Hausmeister ... Ja, Herr Doktor, werde mich kurz fassen ... Das Denken ist ein Prozeß ... Ein

Kino gibts da auch ... Schönes Haus ... Viel zu schade für son Kino ... Ja, ja, mit viel Geld haben wir unsere Zukunftsruinen aufgebaut ... (wirft die Kappe weg). So, jetzt stehn wir uns vis à vis ... Und jetzt denken wir mal nach. Auf, ihr Deutschen, laßt uns denken, bitte denken, lange denken. In Mykene denken, auf den Liparischen Inseln denken ... Bitte denken, bitte denken, bitte denken ... (wie Schallplatte, die steckenbleibt.) (Licht langsam aus. Wenn es ganz dunkel ist, helles Licht auf der Bühne und im Saal.) *Ja? Was ich sagen wollte? Schönen Abend noch!* (Dunkel)

Der Herr im Salonsteirer:

Am Jägerball merkt man noch, daß es ein unvergängliches Österreich gibt ... Haben Sie schon die Reichsinsignien gesehen? ... Soll man sich immer wieder anschaun ... Die deutsche Kaiserkrone! – Können Sie sich die in Bonn vorstellen? ... Die Kaiserkrone, und dann marsch ins Sacher, die Deutschen ... Beides haben sie sich ganz anders vorgestellt ... die Krone und die Torten –
Ja, setzen Sie sich ruhig ... Ich sitz am liebsten in so Stüberln ... Hat so ein bissel was von einer Jagdgesellschaft ... Zum Zwunschi hab ich vor kurzem gsagt ... in einer philosophischen Stunde: Wer sind die Jäger und wer sind die Gjagten ... Ich hab das natürlich politisch gmeint ... Wo gibts heute noch an politischen Witz? Über die Juden darf man nicht ... Sind Sie vielleicht ...? Aus der Steiermark ... Bravo! Hab ich mir gedacht.
Servus, Sylvester – Komm doch her ... Was hat das Ministerium beschlossen? ... Ich brauch euch doch nicht vorstellen? ... Hat sich der neue Minister schon eingelebt? Na ja, für die kurze

Zeit ... Drum gibts ja keine politischen Witze ... Außer man wechselt die Namen aus ... Aber da kann man sich leicht irren, und dann steht man da ... Ich muß ja immer lachen – Am Jägerball die Polizisten salutieren vor mir ... jedes Jahr ... Obs das überhaupt dürfen?

Ich freu mich schon jetzt wieder auf das neue Jahr ... immer auf das nächste ... Dazwischen Heringsschmaus ... und dann Ostern ... Eier find man zwar keine mehr ... Aber, Sylvester, laß mir doch meine Gspaß ... No, und zu Pfingsten fahr ich nach Tullnerbach-Pressbaum – zum Kommerzialrat Fähnrichsberger – mußt ihn doch kennen ... der mit dem (Er hustet diskret). Leider weiß man noch nicht, ob es Krebs is ... Asthma wär angenehmer ... Wunderschönes Jagdhaus ... Leider liegt es direkt an der Westbahn ... Da sitzen wir dann ... eine vergnügte Runde – erzählen uns die Neuigkeiten ... Die Zeitungen können mir gestohlen bleiben – vor kurzem hab ich eine gstohlen. Am Sonntag ... Ich hab manchmal so Anwandlungen zu Lausbubenstreichen ... Der tolle Burli, nennens mich manchmal. Da muß der Kommerzialrat Fähnrichsberger herzlich lachen ... Er sollt eigentlich nicht – es könnt ja Kehlkopfkrebs sein – hoffentlich kommt er in kein Spital ... In Tullner-

bach-Pressbaum sein Leben aushauchen ... So was hab ich mir immer gewünscht ... Gepflegter Friedhof ... Die Ärzte sind entweder Scharlatane oder Trotteln ... Was brauch ich ein neues Spital? Wenn ich krank bin, bin ich krank –
Einen ganz hervorragenden Witz über die Pille hab ich ghört ... Wir sind ja alle über sechzig –: Also, der Papst empfängt den Nixon und – leider hab ich ihn vergessen ... Ich könnt ja in der Trübauer Wirkwoll A.G. anrufen ... Mein Freund, der Direktor Perlacher, schreibt sich das immer auf – ein Buch könnt er herausgeben ... Ich les ja kaum, aber zum Verschenken is es immer was Persönliches ... Ja, der Papa Perlacher ... Von dem krieg ich immer ein Weihnachtsgeschenk ... Mozartkugeln ... Aber in Salzburg aufgegeben ... Spezialanfertigung der Wirkwoll A. G. ... Ich heb mirs schon jahrelang auf ... Wer das einmal erben wird?
Da is er ja, unser Benjamin – Servus, Herr Ingenieur ... Die Herren kennst du bereits ... Na, wie gehts auf der Baustelle? – Ja, die Jugoslawen ... Die Türken sollen besser sein – Weißt du, daß ich in dem Haus eine langjährige Freundin ghabt hab ... Mit einem furchtbaren Namen, aber ausgschaut hats gut ... Wie eine Filmschauspielerin ... Stummfilmschauspielerin ... Im Al-

tersheim hat sies eh noch am besten – Also, wenn ich schon sterben muß, beim Schwimmen . . . Aber der Neusiedlersee, wo ich manchmal mit dem Perlacher hinkomm, is so flach – man kann natürlich auch mit einiger Geschicklichkeit, wenn die Wellen von den Kommunisten herüberkommen, auch ertrinken . . . Aber ob das anhalt? . . . Ich war einmal im Krieg an der Ostsee . . . mit meiner Dienststelle – mit manchen der Herren hab ich noch Verbindung . . . Die würden nur so schaun. »Mensch!« würdens sagen.

Meine Herren, erklären Sie mir bitte den Unterschied zwischen dem Neusiedler See . . . kann auch der Bodensee sein . . . und der Ostsee! Also sehen kann man Mädchen im Badeanzug, und der Osten is kalt . . . (Totenstille) Ich seh schon, ich habs falsch erzählt . . . Der blöde Osten! – I mein, ganz blöd sinds ja nicht, die Kommunisten. Die Amerikaner zeigen hin und wieder auch Zeichen von Intelligenz . . . Wir liegen so dazwischen – aber wir zeigens ihnen immer wieder . . . Die Israeli sollen auch einmal wissen, mit wem sies zu tun haben. Ein friedliches Beispiel sind wir für sie. –

Wenn die solche Politiker wie wir in der Nachkriegsgschicht ghabt hätten, die hätten längst einen Staatsvertrag mit die Russen, die Amis und die Araber . . . Und keine Geiseln . . . Die Geiseln Gottes, hat einmal einer gsagt . . . Sicher der Perlacher –

Ich hab mir oft in Mußestunden überlegt, was ich damals getan hätt – am Flugplatz . . . Zuerst hätt ichs strategisch im Gütlichen versucht: »Meine Herren, darf ich Sie nach Fischamend zum Forellenessen einladen?« Ich weiß allerdings nicht, ob die Juden Fisch essen dürfen. Irgendwas dürfens nicht . . . Da gibts auch einen Witz drüber . . . Da weiß ich wenigstens die Pointe . . . (denkt scharf nach:) »Aber beschneiden hättens ihn nicht dürfen.« (Stille)

Der Benjamin schmunzelt . . . Denkens lieber an Ihren Bau und Ihre . . . Ah, das darf man ja nicht sagen . . . Es ist, meine Herren, nebenbei kein Zufall, daß es für uns Österreicher keine Schimpfworte gibt . . . Das ist nicht Zufall, das ist Geschichte . . . Darum beneidet uns die ganze Welt. Vor allem die Itaker und . . . sprechen wir es ruhig aus . . . die Tschuschen . . . Also, um auf unser Thema zurückzukommen. Ich wäre auf dem Flugplatz auf einen dieser Pimpfe zugegangen und hätte – vorläufig noch höflich – gesagt: »Meine Herren! Ich war im Ersten Weltkrieg bei den Sechser-Ulanen, im Zweiten Weltkrieg in einer Sondereinheit. Sie sind umstellt, also verlassen Sie den Raum! Denkens, was Ihren Leuten im Krieg passiert ist. Und wenn Sie dazu zu jung sind, dann lassens sich von Ihren Vätern erzählen. Also gemma!« Na, die hätten gschaut — Sechstagekrieg . . . So ein Blödsinn! Wir Sechser-Ulanen hätten das in einer Nachtübung erledigt. Österreich is nix für an Terror. Sie habens ja zweimal versucht. Die Sozis und die Nazis. Heut sitzens schön brav beisammen. Im Parlament . . . Die Türken belagern nimmer und bauen das neue Wien . . . und die Nazi . . . Einen Flugplatz neben dem Zentralfriedhof hinbauen — diese Herzlosigkeit hätten sie nie besessen . . . Die Toten in ihrem Frieden stören . . . Nazi . . . Wenn ich das Wort nur hör . . . Nazi oder Nichtnazi, ein Österreicher ist ein Österreicher. Die paar Kommunisten sollen nach Deutschland gehen oder nach Amerika . . . oder nach Rußland. Da können sie sich die Haar wachsen lassen so lang wie der Rasputin . . . und Rauschgift sollns fressen . . . Dumme Kerle . . . In einem Land, wo man eine Virginia hat . . . Fräulein Gitti, einen Liter für unsere Runde . . . Rot . . . Sie wollen weiß, Herr Ingenieur . . . und Sie rot . . . Rot-Weiß-Rot. Das schreib ich mir aber jetzt auf. Der Perlacher wird zerspringen. Haben Sie einen Kugelschreiber?

Das laß ich mir gefallen ... Firmengeschenk ... Wissen Sie, meine Herren, was die heimische Industrie allein dafür ausgibt? Industrie und Sport halten Leib und Magen zusammen.

Bei mir um die Ecken im Café Hadrawa ... Ich geh nicht hin, da sind mir zuviel ungwaschene junge Leut ... Also ich schau ins Kaffeehaus ... nein, durch die Scheiben ... Da seh ich manchmal Sportfernsehen ... Es gibt noch eine Jugend ... Nicht lang, aber schön ... Manchmal hab ich direkt Lust, durch die Luft zu fliegen ... Natürlich haben die heute ganz andere Bindungen ... Auch die Ski kommen mir ganz eigenartig vor ... so aufbogen ... Na, Benjamin, Sie sind ja noch aktiv in der weißen Zunft ... Wo? In Vorarlberg? Fleißige Leute ... Aber ich sag Ihnen, der Wienerwald ... Ganz schönes Training ... Da hat sich so mancher einen Miniskus gezerrt fürs Leben ... Bei der Mizzi-Wasen-Meister-Wand. Da könnens im Sommer auch klettern. Sind auch schon viele runtergfalln. Im Sommer ... Die Wasen-Meister war eine Pionierin. Also direkt eine Pioneuse, Pionistin (lacht).

Lachens ruhig ... Einer ist mir unsympathisch, der kleine Boxer. Kommt da aus dem Kriminellenviertel drüber halb der Donau. Ich sag immer, ein Prolet kann nicht boxen ... Die Neger? Die sind ja schon seit Generationen Proleten. Die habens vererbt – ... Auch zwei anständige Menschen gibts im Kaffeehaus. Die spielen Schach. Vielleicht geh ich doch einmal hinein und schau ihnen zu. Das ewige Kreuzworträtsellösen führt auch zu nichts. Man eignet sich zwar eine umfassende Bildung an, aber wer tut schon was in diesem Land für die Kultur?

Benjamin, wieviel Marillenknödel essen Sie eigentlich? ... Da bin ich Ihnen immer noch um fünf voraus. Von Zwetschkenknödel gar nicht zu reden. Und dann in die Sauna! – Gesunder Geist im gesunden Bauch! – Da schwitzen wir, ein jeder erzählt, was er gegessen hat ... Oder getrunken ... Nach dem Opernball war das ganze geistige und einflußreiche Österreich versammelt ... Uj, da hats gstunkn – Pardon – auf einen gewissen Ort muß auch der Kaiser ... Das Recht auf körperliche Ausdünstung hat jeder. Das werden Sie mir auch nicht glauben, daß ich den Kaiser noch persönlich gekannt hab. Parade auf der Schmelz, Kaiserwetter. Eine Dunstglocke hätt sich dort gar nicht hintraut.

Der Hitler hat mich schon nicht mehr interessiert. Vielleicht war es ein Fehler. Wenn man schon in so einem historischen Zeitalter lebt, soll man es auch ausnutzen. Aber wie gesagt, das hab

ich mir beim Jägerball gedacht, wir haben wieder einen Abschnitt, einen Punkt hinter uns. Hinter uns die Vergangenheit, vor uns die Zukunft. Prost! (Gläserklingen)
Ich hab gelesen, daß wir Österreicher für den Wein empfänglicher sind als die Friesen ... Sie glauben gar nicht, wie diese schwerblütigen Menschen aus dem Norden für den Süden empfänglich sind ... Von der D-Mark zur Südmark. Die glauben auf ihren Inseln, daß Südtirol zu Österreich ghört. Ghöret sich eigentlich schon. Würden mehr Friesen hinkommen. Weil langsam spricht es sich auch dort herum ...
Ich hab einen Corpsbruder, der so kleine Steirerhüte aus Papier herstellt ... Vielleicht kennen Sie ihn, den Kapplkönig ... Hauptabnehmer: Friesen ... Nordfriesen natürlich ... Er hat sich um einen Auftrag fürs Bundesheer bemüht – mit seine Kappeln. Aus erstklassigem steirischen Stoff ... Aber solang ein Heer so verpolitisiert ist, schaut keiner auf die Landesverteidigung. Mein Plan: Nix wie in die Berg ... Egal, ob hoch, ob nieder. Hauptsache, es sind die Tauern. Und dann Aug um Aug, Zahn um Zahn. Auch die Prothesenträger müssen da ihr Scherflein beisteuern. Die Schweiz macht vielleicht mit. Bankenverbindungen existieren schon – Dann zeigen

wir diesen Dilettanten, was ein europäischer Krieg ist . . . Die Zivilbevölkerung kommt in die Flaktürme – Gott sei Dank hat sie unser Herr noch stehn lassen . . . Die Jets sorgen für Ordnung – Da werden sich die Herrn im Parlament einmal wundern.

Ich hör so manchmal die Debatten – wenn sie nicht zu ausfallend werden . . . Und dann . . . Und dann . . . Und dann schreib ich ihnen meine Meinung. Natürlich sinds verbittert und antworten nicht. Hier in unserem Lokal verkehrt ein Nationalrat, ihr kennts ihn, der so oft aufs Häusl geht und dann nichts bestellt.

Zeitweise grüßt er mich . . . sehr höflich . . . Ich grüße zurück – mit leichtem Sarkasmus . . . Am nächsten Tag sind dann die Parlamentsdebatten sehr zahm . . .

Die sollen sich nicht spielen, die Brüder . . . Wer kein Geld hat, braucht auch kein Budget – mit den Handwerkern werdens auch nicht fertig. Berge von Schilling-Volksvermögen gehn durch diese Pfuscher der Nation verloren . . . Mir hat einer beim Heurigen einreden wollen, wir sind ka Nation. Da hättens mich sehen sollen . . . Ich habe ihn einfach scharf angesehen und gesagt: »Mein Herr!« Lacht der blöde Kerl. »Sie scheinen nicht zu wissen, wer ich bin.« Dann haben die Schrammeln zum Spielen angfangt, und die zweifellos interessante Debatte ist untergegangen. Sehr lustige Partie, diese Schrammeln dort. Hochmusikalisch ... »Die vier Trotteln«. Jetzt spielt allerdings eine neue Partie: »Die vier Teppen«. Lang nicht, was die »Trotteln« waren. Hingegen die Philharmonischen Neujahrskonzerte enttäuschen nie. Auch wenn ich sie nur in meinen vier Wänden höre, dazu ghört ein dunkler Anzug. Wenns den Bruckner oberieseln lassn, dann denkt man an einen Altar. Das gibt dem lieben Gott mehr, als wenn man in eine Messe geht. Obwohl, in der Michaelerkirche ist es zu Weihnachten ganz gemütlich. Man trifft viele Bekannte. Erstaunlich viel Sozialisten. Auch in den Oststaaten macht die Kirche Fortschritte, eine nicht zu unterschätzende Macht. Ich glaub, drum zögern auch die Chinesen, den ersten Schritt zu tun. Na ja, für Heiden ist es schwer. Ich meine nicht den Komponisten, Herr Ingenieur. Früher hat man von ihnen nur gwußt vom Reis und vom Tee, und jetzt werden sie auch sonst anerkannt. Ich hätt mich gern einmal mit diesem Mao unterhalten und Ansichten ausgetauscht ... Aber man kommt ja nirgends hin – im Sommer grad auf den Semmering oder nach Maria-Zell ... Im Waldviertel weiß ich eine Pension mit Früh-

stück . . . eine liebe Gemeinschaft. Wenn man jemandem sagt, darf ich den Rest von Ihrem Kaffee haben, ich seh, Sie trinken ihn eh nicht, Sie werden es kaum glauben, man wird nicht ausgricht . . . Es regnet die ganze Zeit . . . Was will man mehr. Die Menschen, die man dort kennenlernt, haben dasselbe Niveau . . . Leider sterbens langsam aus. Aber das muß ja so sein . . . Von mir aus solln die Ärzte streiken – ich hab mich nie an ihre Anweisungen gehalten. Ich war mein Leben lang ein Genußmensch – Renaissancemensch, drückt sich der Perlacher aus. Linkswalzer tanz ich . . . Komisch, ich bin doch Rechtshänder.
Ich sag immer, Humanismus bedeutet, daß es einem egal is, ob einer eine Hasenscharte oder einen Klumpfuß hat. Außer den Bettnässern. Die sind gefährlich, weil sie Fanatiker sind. Prost! Ich hab mich schon so an unsern Reschburgunder gwöhnt, daß ich kaum was anders trink – Beim Jägerball natürlich schon – Das letzte Mal habe ich die Frau Kammerrat Zwern aufgefordert – der ganze Saal hat uns zugschaut. Nachher großer Applaus. Bescheiden, wie ich bin, hab ich gedankt und bin nach Haus gangen . . . Schöner kanns nimmer werden.
Manchmal . . . Ich möcht in keinem Neubau woh-

nen. Wenn die Sonne sinkt, das ist bei mir ganz etwas anderes. Auch wenn sie aufgeht. Wenn man mir als Astronaut befehlen würde, ich soll hinaus, »danke« würd ich sagen, die Kluft ist zu groß . . . Jessas, es is schon zwei Uhr . . . Leberknödelsuppen wird aus sein. Der Apfelstrudel auch. Hoffentlich krieg ich noch eine gfüllte Kalbsbrust, weil sonst weiß ich nicht, was ich heut noch machen soll. Zahlen bitte . . . Alles für mich . . . Servus . . . *Was laßts mich denn auch so viel reden?*

Zeitungskolporteur, aus dem Fernen Osten:

Hallo, Sie haben Beilage vergessen – Zeitungsbeilage – wenn er nicht will, ich verkaufe als Extrazeitung ... Heute schlechtes Geschäft – entweder Abd el Ulla hat sich vorn auf Platz hingestellt, oder es war wieder Überfall von El Fatah ... Dann Leute immer schimpfen mit uns. Manchmal auch gut sein. Eine Herr gekommen, wie große Explosion war in Aeroplan. Herr sagen, Sie haben recht. Immer noch zuviel Israeli. Leute viel schimpfen, immer schimpfen, wenn lesen. Warum dann kaufen? Eine Frau kommen, nehmen Zeitung, blättern, dann sagen, alles gestern schon in Television ... Ich sagen: auch Kochrezept? Dann kaufen. Jetzt immer fragen: wo bessere Kochrezept ... Sehr schwer für mich ... Beide Zeitungen kosten gleich ... Beide Zeitungen ... Wenn ich habe kein Geld zum Zurückgeben, sie gehen zu Abd el Ulla – er immer Geld ... Auch Mark, Dollare, Lire. Er will aufmachen Lokal mit mir »Sindbad« – ich immer sagen, Namen »Aladin« besser ... Lampen auf Tisch. Beide Zeitungen, beide Zeitungen ... Eine Pfarrer mit mir wollen reden wegen Muhammed

... Ich sagen, ich bin Buddhist. Dann Leute immer machen Witze wegen Öl ... Ich sage, müssen gehn zu Kaufmann, gut kochen mit Öl ...
Eine Herr mit schwarzer Krawatte immer schimpfen ... Sagen: für unser Geld leben in schöner Stadt, Haschisch trinken, mit Frau schlafen, weiße Frau Essen zahlen, schießen, Messer stechen ... Wir nicht stechen Andersgläubige, Koran hat verboten.
(Er stammelt unverständliche Fernostlaute.) Arwan el Ghiauro sehr traurig ... Hat noch immer sitzen Geisel auf Toilette in Pisa ... Kleiner Flugplatz, sehr heiß – er mir wollen Geisel verkaufen.
Jetzt wieder viel Geschäft – Abd el Ulla wahrscheinlich sitzen in Kaffeehaus mit Freunde. Wahrscheinlich Geschäfte machen. Zeitung ist gutes Versteck. Vieles ist hier verboten. Zu mir ein Mann kommen und sagen: »Geben mir neue Zeitung. Bei Ihrem Freund ich haben gekauft und immer Salz drinnen.« Ich sagen: gut gegen Grippe. Muß nicht wissen, daß Rauschgift drinnen.
Frau, wo ich jetzt wohne, sehr eifersüchtig. Mann noch mehr. Sagen, wenn ich gehe, er kommt dran.
Mädchen hier immer wollen, dann enttäuscht.

Sagen: »Ich glauben, du ganz schwarz.« Ich weggehen aus Hotel, böse. Ich Khun al Sir. Meine Großvater Befreier von Karatien. Schlacht von Osram. Alle Leute so freundlich zu mir . . . Einer mir auf Schulter klopfen und sagen: »Wenn wir euch nicht hätten.« Was steht im Blatt? Kibbuz überfallen, 15 Tote. Vorige Woche alle böse . . . Einen Tag nur zwei Stück verkauft. Überschrift: Israeli sechs Flugzeuge abgeschossen. Ich sagen Redakteur: Für Geschäft besser Kriegsmeldungen auf letzter Seite. Bei Sechs-Tage-Krieg einen Tag gut, einen Tag schlecht. Am letzten Tag ich will nach Haus gehen, weil ich denke, nicht gut. Leute kommen und kaufen, sagen, Israeli doch gute Menschen. Leute wollen schlagen auf mich. Österreicher viel reden. Ich zuhören lang, dann sagen: keine Zeitung. Leute gehen zu Abd el Ulla. Er immer sagen, er sein aus Dar-es-Salam. Dann sie schauen blöd, manchmal fragen, wo das ist. Er sagen, im Meer.
Wiener Kopf schütteln und gehen. Mich immer fragen: »Was du machen in Wien?« Immer sagen: Student. Abd el Ulla sagen, er Teppichprofessor. Viel Professor hier. Wenn sehr kalt ist, Leute lang stehen und sagen: »Kalt ist?« (Fernöstlicher Fluch) Einmal böse, dann wieder gut, böse, gut, man weiß nie, was ihnen einfällt. Ach, ich geh

nach Hause und handle mit Silberschmuck auf Straße. Und für meine Standplatz hier hab ich schon Nachfolger gefunden. Ein Ire. Irischer Student. Gestern es hat gegeben zwölf Tote in Belfast. (Verhallend:) Beide Zeitungen, beide Zeitungen . . .

Der Mann am Schlagzeug:

(Singt zur Kapellenbegleitung:) *Du hast Glück bei den Frauen, bel ami* ... Was hat man schon von so an Glück ... Net amal a Kaffeehaus in Favoriten ... Mir is no ka Richtige unterkommen – Der Blacky is krank ... An Tripper wird er sich gholt haben im Palace Hotel oben ... Mit an Tripper kann man doch singen ... Er kann eh net singen ... Sicher wars die Rothaarige ... Da kann ich ja noch von Glück reden (singt die entsprechende Stelle des Schlagers). Die mit der blonden Perücken tanzt immer an mir vorbei – viel Gschäft macht die a net. A Wochn mit demselbn Herrn ... Na wie wärs, alte Huatblumen ... (veränderter Tonfall:) Küß die Hand, gnä' Frau ... Waren sicher am Strand ... So was von braun. Ja das liegt am Teint ... (wieder der der Alte:) Die möcht i net sehn, wenns regnet ... Regen is angsagt ... Da regnets hier wochenlang. Nachmittag werd ichs einmal besuchen ... Ihr Alter macht sicher an Kurspaziergang – na, wie hätt mas denn gern, gnä' Frau? – Aha, jetzt fangts mit der Klarinette zum Schmähmachn an ... Gestern is er erst kommen, der

Herr Klarinetten, weil der Fredi hat sich gschlichn. Herzinfarkt hat er gsagt ... Wer weiß, ob der überhaupt ein Herz hat ... Aber einen Infarkt kann man auch so kriegen.
Warum es da in dem Bad so gsund sein soll. Klein-Soda, die Perle der Voralpen ... So langs zahln können, solln sie sich ruhig gsund fühln in dem Kaff. Wir hättn auch nach Abbazzia fahrn können. Da ist die Auswahl an Weibern international ... Natürlich bevorzugen sie dort die Zigeuner ... (in seinem Conferencierton:) Auf besonderen Wunsch dieser charmanten Dame einen Csardas (Er beginnt pseudoungarisch zu singen) Vorigs Jahr haben wir a Zgeunerin ghabt. Alle haben wirs ghabt ... Aus Oldenburg wars. Wanns regnet, müssen wir zweimal am Tag spieln. Five o'clock tea.
Die Gewerkschaft sagt, sie ist nicht zuständig. Meine Freund ... Acht Jahr habens gspielt in einer Bar, die jetzt schon den sechsten Besitzer hat. Die Gewerkschaft hat immer dieselben Besitzer. Man is per du, trifft sich einmal im Jahr, richt die toten Kollegen aus und so ... Irgendeine Nadel hab ich kriegt, Ehrennadel ... Was ich damit machen soll ... Mit an Professor könnt man schon mehr anfangen. Kollege redens einen an ... Wann die Burschen auf einmal nicht mehr

Freund oder Haberer sagen, weiß man, die kommen bald in die Gewerkschaft (summt den Csardas). Ich weiß schon, die Beatles habens auch nicht leicht, aber sie haben ihr Leben genossen. In an Pilzkopf muß auch nicht unbedingt was drin sein. Ich bin Schwammerlsammler, ich weiß das. Da müssens sandeln vor der Königin. Bei uns hat das keinen Sinn. Der Bundespräsident kann ja net amal gscheit tanzn. Drum war ich auch nie eingladen bei ihm. (Zu seinem Publikum:) Bravo, bravo. (Privat:) Applaudieren tans a net. Bei der nächsten Nummer laschieren mir ... mir ... Der Klarinettist kann ja net amal Noten. A Ungar, glaub i, is er. Vielleicht haben die andre Noten ... *(Frauen sind keine Engel* beginnt. Er singt den Refrain). Der Zrutz Spulä sagt immer: »Wenn ich zhaus komm, geh ich immer zum Kalender, reiß a Blattl obe und denk mir, wieder ein Scheißtag vorbei.« Wenn ich nicht in Damenbegleitung bin, les ich an Krimi, und wann i merk, die Zigaretten hat die Tuchent anbrennt, wach i auf und schlaf wieder ein.

Na, untertags – die glaubn, wir probn – schleicht man so herum. Billard gibts ans in Klagenfurt ... Na ja, mitm Volkswagen kann ich mir das leisten. Im Kino, da schlaf i immer ein ... Na ja, und die Katzn kennt man in zwei Wochn. Und die, die net wolln, die wolln net. Was soll man sonst in der Saison machen. Zum Schwimmen fahr ich doch nicht an einen See ... Wer einmal in Caorle war, dem gebn die Sumpflacken bei uns nichts mehr.

Jetzt kommt die blöde Gschicht ... Da singen wir alle »O wie schade« und klatschen in die Händ ... Mit die Füß hättn wir auch was machn solln ... Ja, am ersten Abend ... Aber dann »Cinque« ... Ausgwachsene Männer mit die Füß ... Mein Anzug muß i mir richten lassn — die ganze Band dieselben Fetzn ... Amal hat sich der Charly angspieben ... An an Sonntag ... Eine Katastrophe! Na, was war? Im Hemd haben wir gspielt — wie die Sirs.

Wumm, is die antschechert. (Singt, Kapelle verstummt:). *Happy birthday to you, happy birthday to you, happy birthday, happy birthday, Missis Katzenfeind, to you.* Die hat auch nicht in Amerika ihren Birthday ghabt — I hab immer träumt von Amerika — Amal hat mich einer hinüber engagieren wolln ... Aber ich hab nie mehr was von ihm ghört. Dabei hätt er a Riesengschäft mit mir machn können. Kein Brief, kein Telegramm, na ja die Post. Alleinunterhalter. Die wissen ja heute gar nicht mehr, was das heißt ... Zwölf Num-

mern am Repertoire. Noch in einem weißen Smoking ... Da hast nix gsehn, wannst mit aner Katz im Separee verschwunden bist. (Musik spielt *Strangers in the night)* Wenn ich den Namen vom Sinatra hätt – mindestens a Villa in Baden möcht ausseschaun oder am Semmering.
Haus Frankieboy möcht ichs nennen. Das kann man sich heute nicht mehr vorstellen – Kerzenlichtdinner – dirigiert ist damals noch worden. Das Schönste warn die Potpourris ... Die habn ein ganzes Wunschkonzert ersetzt ... Ein bißl Lehár, ein bißl Kalmán ... dazwischn Salonstükke ... So kann man die Leut noch für Musik gewinnen. Zum Schluß immer »Blume von Hawaii« ... Das ist ein Text ... Was heißt dagegen *dibidiubidiub* ... Der Billie hat die goldene Hawaiigitarre überreicht bekommen ... Ein Senkrechtstarter! Angfangt hat er beim Straßenbahnermandolinenorchester Simmering. Leider is er im Krieg geblieben. Den Kameraden im Unterstand hat er »Wann der Herrgott net will« vorgspielt. Das hat die Russn geärgert, und sie habn angfangt zu schießen. Wann er an der amerikanischen Front »Saint-Louis-Blues« zupft hätt, vielleicht möcht er noch heut mit uns spieln ... Thank you, Missis Katzenfeind. Brauchst dir nix ein-

bildn auf deine Dollar, wir nehmen auch Schilling. – Soll ichs mit ihr machen ... Man weiß ja bei so reichen Leuten nie, was sie für Ansprüche stellen – Gfahr is kane, das Penicillin kommt ja aus Amerika (singt *diubidiubid*). I kenn ihre Zimmernummer, i kenn alle Zimmernummern. Notwendig hätt ichs net. Mein Schwiegersohn hat a Musikaliengeschäft, und im Herbst hab ich ein Angebot für ein Striptease-Lokal. Da lassn an die Damen immer a bißl obeißn. Man muß sich gut mit ihnen stellen. Mit meiner Frau kann i net redn. Die interessiert das net, was ich so tagsüber und vor allem nachtsüber erlebe. »Halt die Goschn«, hör i immer, und dann weiß ich, i bin zhaus. Weiber ... Wir habn eiserne Regeln ghabt – vor dem Krieg ... Vor allem in der Tschechei. Bettregeln. Zuerst die Schauspielerinnen, dann die Friseurinnen, dann die Kellnerinnen und erst zum Schluß die verheirateten Damen.

Weil, wenn der Mann draufkommen is, sind wir ausgwiesn worden. Das war eine mächtige Industrie. Ich war jetzt einmal in Karlsbad privat ... ein sterbendes Land ...

Ich werd mir doch die mit der Perückn aufreißn. Vielleicht is drunter schwarz. (Im Conferencierton:) Das Hobo-Ratznfadler-Trio empfiehlt sich seinem Publikum. Wir hoffen, Sie haben dieselbe gute Laune mitgebracht wie unsere Band. Sitzenbleiben! Trinken!

Der Geschäftige:

Kinder, ich muß euch endlich zusammenbringen – Hast du Verwendung für ein Halbfamilienhaus in Adlerklah? Es lebt noch eine Familie mit dem debilen Sohn dort – aber die werden bald sterben – er ist Bettnässer – Dann hätt ich noch das Sumpfhaus in der neuen Satellitenstadt, die am Simmeringer Autofriedhof entstehen soll – Das Panhaus am Semmering ist noch immer frei – aber nur im Ganzen zu kaufen ... Mit Luftschutzkeller ...

Kinder, laßts mich net so herumstehn ... Ich such immer einen, der mich aufhalt ... Soviel hab ich zu tun ... Die Waldviertler Wochen stehn vor der Tür ... Da muß man die Hausfrau mobilisieren ... Der Autofriedhof – das wird sehr originell ... Will mit selbstgebastelten Kombis brillieren ... Mercedes Puch und so ... Am liebsten fahr ich mit der Straßenbahn ... Meine Wagen sind ja ständig unterwegs ... Ich hab gar nicht im Kopf, wie viele ... Jedesmal, wenn mich einer aus dem Auto grüßt, weiß ich, er meint mich ... Im März mach ich die Freundlichkeitstage ... Jeder, der bsonders freundlich

ist, bekommt eine Fahrkarte nach Drosendorf ... Da kann er über die tschechische Grenze fahren ... Manchen Menschen ist das Schauen wichtiger als das Erleben ... Kinder, ich bin ja schon so brisant ... Im Rathaus werdens Kopf stehn, warum ich noch nicht da bin ... Da ist ein ganz großer Plan ... Eine Ausstellung mit Ausstellungsobjekten unter freiem Himmel und statt Werbeflugzeugen Werbejeeps ... Eine Messe ohne Besucher ... Scharfe Konkurrenz zur Wiener Messe ... Im Rathaus ist man unerhört aufgeschlossen ... Immer wieder treff ich Freunde dort ... Was importier ich jetzt wieder ... Dänischen Wein ... Müßts kosten ... Und Bier von den Antillen ... Aber ich bin noch nicht fertig ... Gebts mir einer einen Stößer, damit ich meine Verbindungen einhalten kann ... Von der Zahnradbahn wißts ihr schon? Die alte Zahnradbahn mit Zahnbehandlung ... Und im Unterrichtsministerium — ich komm nicht zum Mittagessen heute ... Freilichtaufführungen am Dach von Siemens ... Fußballmatch zwischen Siemens und Halske ... Der Schuckert ist Schiedsrichter ...
Und Sender brauchen wir ... Bezirkssender ... Studio Breitensee macht den Anfang ... Den Kranken helfen ... Tauben für taube Ohren ... Nur der Anfang ... Lehm für Gelähmte (wird

immer konfuser) ... Warum kann man eigentlich keine Schrebergartenausstellung machen? Unter dem Motto: Wohnkatastrophen ... Jede zweite Wiener Wohnung wird prämiert ... Die Kreuzworträtselreform ist das Wichtigste ... Kreuzworträtsel: eine katholische und eine evangelische Ausgabe ... Die warten schon ... Sollns ruhig warten ... Ohne mich könnten die nie ihr Budget loswerden ... Heimat im Zimmer ... Der Schönste Urlaub ... Heimat im Bett ... Spitalsbetten werden frei für die Ausländer, die bei uns verunglücken ... Meine Dynamik, die bewunderns ... Wenn nicht jeder was von mir wollte – das Leben müßte länger sein – ich bin mit jedem per Du ... Vor mir ist keiner sicher ... Der Bundeskanzler schon gar nicht ... Der will sichs wegen der Wahl mit mir nicht verderben ... Das ist meine neue Devise: jeder Wähler sein eigener Kandidat ... Ich ruf jeden an (immer leiser, das Gequatsche verebbt) ... Ich ruf das Hilton an, das ist noch nicht fertig, ich ruf das Kennedycenter an, das gibt es nicht ... Wenn sich niemand meldt, ruf ich die Zeit an, die hat immer Zeit für mich ...

(In Wien befinden sich im Vorraum amerikanischer Dienststellen immer noch G.I.s in Uniform.)

Der österreichische Ranger (im Dschungellook): Was mach i da? Schießerlaubnis: auf wen? Einen Hausmeisterposten habens mir geben – dabei wär ich in Saigon ganz richtig am Platz ... Ich habe ja die ganze Ausbildung hinter mir – Wuff – Plotz – Woom – Wawawoom – Ich wollt einmal in der Winkelmannstraße in a Chinalokal gehn in der Kluft ... Aber das ist ja nicht erlaubt – Übermorgen is Christmas in Saigon ... Besser wars bei uns im Jahr 48 auch nicht. Nur, daß man die Leut besser kennt hat ... Mei Braut in Saigon – gesundheitlich streng untersucht ... Da kennens nix ... Deswegen a no an Krieg verliern – wo san mir denn? Amerika hat immer noch Ansehn in der Welt ... Rikschas und Katzn. Das Saigon is halt so wie in Jugoslawien ... Oder Lignano ... Oder Mallorca ... Jetzt wirds anders ausschaun ... Die Leut' haben ja keine Meinung ... Erst der große Amischmäh, dann lassens es

in Stich ... I möcht wissen, was die Österreicher in so einem Fall machen würden ... Aus Wien weggehn möchten die nie ... I hab ja mein Zivilgwand' ... A bißl Vietnamesisch kann i a bißl ... I weiß ja gar net, wer bei uns einkehrn ... ah, einmarschiern sollt ... I glaub, die wissen das selber noch nicht, die Weltmächte ...
Good night, Colonel ... No, the papers are not necessary ... Gutaussehender Mann ... Yes, I have Cigarillos, thank you ...
Die Amis beschwern sich immer, daß in Wien nirgends hinkönnen ... Na ja, Nightclub habens ja kan richtigen ...
Ich bin in Saigon gstandn mit an Burschn aus California ... An Tick hat er ghabt ... Er hat immer gschrien: »California, here I come« ... Er wollt dortbleiben in Vietnam ... Nachtklub gründen ... Vielleicht ein, zwei Hotels ... Man soll sich auf ein Volk nicht verlassen ... Dann habens angfangen, Bomben zu schmeißen ... Den Tschung habens troffen, unsern Verbindungsmann, und sechs Huren ... Um die war net schad ... Solche findst mehr als in Wien ...
Wann i denk, Wien is schöner als Saigon ... Dschunken kann i auf der Alten Donau auch fahrn ...
Ja, der Capitain ... Yes, Sir ... Die telefoniern

und stehn auf der ganzen Welt. Für nix ... Thank you, Sir ... Jetzt hat er mir den Playboy gschenkt ... I hab eh schon die deutsche Ausgabe ... Aber i will ihm die Freud net verderben ... The Girls from Saigon ... Na, die schaun jetzt anders aus, wenns noch am Leben san (Er faltet den Playboy auseinander). Da, an Durchschuß ... Und in die Beine ... Bauchschuß ... Nackert sans eh ... Die meisten haben Verbindungen mit den Vietcongs ghabt ... I weiß net, können die besser ditschkerln als wir? An von die Charlies haben wir a bißl gwassert ... Der hat unten ganz normal ausgschaut ... Net amal so gelb, wie man sichs vorstellt ... Disziplin habens im Norden ghabt ... Der hat kan Namen gsagt ...

Jetzt is eh schon wurst ... Abwechslung haben wir immer ghabt ... Amal a Waffenstillstand und glei wieder eine ... Das hat mi schon irritiert ... Wann bist a Held und wann kommst vor a Kriegsgericht? Wenn ich nur wüßt, ob sie mir erlauben, die Uniformkluft anzubehalten ... Da möcht ich manchmal meine Landsleut' erschrekken ... Manchmal komm ich mir lächerlich vor mit der Maschinenpistolen ... Aber man weiß ja nicht, was die schon alles in der Welt umgstellt haben ... Und wens erwischt haben, mir bleibt ja gar nix über ... Ich öle meine MP, und dann kommt ein Bieraustrager für die Kantine und sagt: »Mei Uniform is besser« ... Manche glauben wenigstens, i bin a Ami, aber dann sagens halt auf deutsch, i bin a Trottel ... (nimmt eine Zeitung) In der an gwinnens, in der andern verlierns. Das Ganze hat mitm Kennedy angfangen, mitm ersten. Beim zweiten habens schon denkt, sie können sich alles erlauben ... A Pille brauch i, sonst schlaf i ein ... Mei Alte war scho früher mit an Ami verheirat', zsamm ... Der hat immer gschrien, schon vor Jahren: »Ich bring alle Tage an Vietcong als Beute« ... Gesuch auf Gesuch hat er gschickt ... Er hats scho nimmer aushalten können. Dann habens ihn nach Deutschland versetzt ... Kaiserslautern ... Dagegen is Saigon der Taj mahal ... A bißl ostische Sprachen hab i glernt drüben, auch erotisch ... Ich weiß, es gibt nur so und so viele Möglichkeiten, aber die wissen immer eine mehr, das Bambusgsindel ... Ein Bordell in Saigon habens in die Luft gsprengt ... Die ganzen Erinnerungen an die älteste Kunst der Welt im Arsch ... Daß i da sitz und net schießen kann, macht mi wahnsinnig ... Da gehns vorbei, die Hofrät und die Hausmeisterin, die ganze Bagage von der Stadt ... I möcht nur so eineschießen ...

Aber das hab i drüben gelernt ... Charakter wie eiserne Rationen ...
Herr Natonek, den Ausweis bitte ... Alles sauber ... Sie, wir san a wichtiger Standpunkt in der westlichen Welt ... Sie wohnen in der Südstadt, das kann mir wieder wurst sein. Sie habens gut, ins Kaffeehaus gehn ... Wenn i da weggeh, dann in Hefen ... I zeig Ihna a Bildl von einer Saigoneserin ... Schad um die Stadt, was? ... Den Besen könnens mir ruhig geben ... Wie alt san Sie, Herr Natonek ... 58 Jahre? Da müßtens scho ganz schön kämpfen in Vietnam ... Alte Leut' wirken drüben unverdächtig, das ist das Gefährliche ... Hier in Wien wirken auch Sie verdächtig ... Natonek, der Schrecken von Hanoi ... Habens schon etwas vom Mao-tse-tung ghört ... Das is ka Fliegen, das is a Staatsmann ... So an werden wir nie haben ... Lassens Ihnen das von an alten Ami sagen ... Auf Wiederschaun, Herr Natonek ...
Und i muß da in meiner Portierloge mit meiner MP sitzen ... An einem schönen Abend ... Roter Sonnenuntergang ... I mi außeschleichen und zum Schießen anfangen und schreien ... Aber da krieget i ja kein Gehalt mehr, und für Österreich is das viel, was is a Krieg dagegen ...

Freund: Was, Travnicek, halten Sie von Geiseln?
Travnicek: Das ist eine Beschäftigung für Mönche und Sadisten.
Freund: Sie mißverstehen mich grund. Stellen Sie sich vor, Sie sind der politische Vertreter einer Partei, und man entführt Sie. Was tun Sie dann?
Travnicek: Das hängt von der Verpflegung ab.
Freund: Unsinn! Die ganze Welt bangt um Ihr Schicksal –
Travnicek: Schicksal? Ich hab ja kans.
Freund: Man bietet Lösegeld –
Travnicek: Das erste vernünftige Wort.
Freund: Am Rande der Wüste stehen schwerbewaffnete Männer.
Travnicek: Lassens mich aus mit denen, die warn mir schon beim Karl May fad. A langer Bart und weiße Kitteln machen noch keinen Kara Ben Nemsi . . . Schiache Transvestiten.
Freund: Ich meine den Lorenz.
Travnicek: Lorenz von Arabien, sag ich ja.
Freund: Kommen wir auf Berlin zurück –
Travnicek: Was macht man dort? Das is zu-

gsperrt auf der einen Seiten, und auf der andern is a nix los.

Freund: Haben Sie etwas gehört von der Organisation Zweiter November?

Travnicek: Ich habe nur gehört von der Organisation Erster April. Da setz ich mir eine Pappnase auf und sage, ich bin der Schah von Persien.

Freund: Diese Leute in Berlin sind zu allem entschlossen.

Travnicek: Was wollen die von mir?

Freund: Das hängt von Ihnen ab.

Travnicek: Ich werde zuerst die Stewardessen beruhigen.

Freund: Unsinn! Man schickt wegen Ihnen einen Pfarrer nach Afrika.

Travnicek: Den schickens, damit er an Lichtbildervortrag vor der Pfarrjugend halten kann. »Als weißer Mann in schwarzen Zonen.«

Freund: Nein, es geht um zwei Studenten.

Travnicek: Mit Bart?

Freund: Aus Berlin.

Travnicek: Was mach ich mit zwei Piefke und an Pfarrer in die schwarzen Zonen.

Freund: Reden. Die diplomatische Tradition unseres Landes hochhalten. Ein gutes Klima schaffen.

Travnicek: Bei der Hitz.

Freund: Allen recht geben und auf nichts eingehen . . .

Travnicek: Wissens was, i nehm den Kreisky mit und geb ihn für den Kissinger aus . . .

Freund: Also: Man entführt uns einen Politiker.

Travnicek: Wer will die schon. Net amal in den schwarzen Zonen . . .

Freund: Angenommen, Sie werden akzeptiert, man ist bereit, in den Busch zu gehen.

Travnicek: In die Blühe, meinen Sie . . . Da wird die Staatskassa aber tief in den Säckel greifen müssen.

Freund: Denken Sie an einen bestimmten Politiker?

Travnicek: Mir ist jeder recht. Ich hab mirs ja net ausgsucht.

Freund: Würden Sie Widerstand leisten?

Travnicek: Wann i an Widerstand leist, is schon alles verloren.

Freund: Gegen die Guerillas?

Travnicek: San ma im Urwald?

Freund: Nein, in der Wüste.

Travnicek: Gorillas, Orangutangs, der Vogel Strauß.

Freund: Der hat damit nichts zu tun.

Travnicek: Dann soll er die Goschen halten.

Freund: Er steckt eben den Kopf nicht in den

Sand, er will uns auf die Gefahren aufmerksam machen.

Travnicek: Drum laßt er sich immer wieder plakatieren.

Freund: Hätten Sie Angst?

Travnicek: Das hängt davon ab, wie die Stewardessen gebaut san.

Freund: Haben Sie Angehörige?

Travnicek: Ich bin ja nicht blöd. Den Mann entführen lassen und die Prämie kassieren.

Freund: Sie sind tatsächlich so blöd, daß Sie einen Anwalt brauchen — Und wenn nun tatsächlich Ihre letzte Stunde geschlagen hat?

Travnicek: Ich trage nie eine Uhr bei mir, daß ich das feststellen könnte.

Freund: Sie machen mich konfus, Travnicek. Also, der eine Herr ist entführt worden, der andere hat sich freiwillig zur Verfügung gestellt.

Travnicek: Den Stewardessen?

Freund: Ihr Humor ist fehl am Platze, Travnicek.

Travnicek: I sitz mit'n Kreisky in der Wüste und soll Humor haben.

Freund: Es wird verhandelt. Die Welt hängt sprachlos am Fernsehschirm, bangt um Ihr Schicksal.

Travnicek: Da pass i net eine. Ich sprenge den Fernsehschirm.

Freund: Wir landen, Travnicek. Schnallen Sie die Gurte an.
Travnicek: Erstens sitz ich in kan Auto, und zweitens rauch ich Hasch.
Freund: Das hätt ich mir nie von Ihnen gedacht, Travnicek.
Travnicek: Ich hätt mir auch nie gedacht, daß Sie sich für so an Blödsinn hergeben.
Freund: Also, Travnicek, neun Geiseln waren es. Sieben sind noch frei. Was täten Sie als Bundesregierung?
Travnicek: Alle sieben niederschießen.
Freund: Warum das, Travnicek?
Travnicek: Dann stehts eins zu null für uns.
(Dunkel)

(Leere Bar. Eine Bardame. Ein Gast.)
Dame: Müssen Sie heut noch über den Donaukanal?
Gast: Eisern.
Dame: Würfel?
Gast: Eisern.
Dame (holt den Würfelbecher): Sie fangen an.
Gast (hält im letzten Moment inne): I glaub, heut hab i ka Glück, und das mit der Liebe is auch ein Schmäh. In welchem Monat sind Sie?
Dame: Im vierten.
Gast: Da habens ja noch Zeit.
Dame: Es kann auch schon im fünften sein.
Gast: Bei Tag muß das mit der Aufbohrerei auf der Straßn fürchterlich sein.
Dame: Da laß ich mir immer Brötchen holen. Das lenkt ab.
Gast: Wenn morgen jemand für mich anrufen sollt, ich bin nicht da.
Dame: Ist in Ordnung.
Gast: Heut' hat ja niemand angerufen.
Dame: Nein.
Gast: Und gestern auch nicht.

Dame: Da hab ich nicht Dienst gehabt.
Gast: Sie haben auch nie Zeit. Ich meine in der Freizeit.
Dame: Mei Freund hat a Hobby.
Gast: Is das sehr unangenehm?
Dame: Modelleisenbahn.
Gast: Sie sollten fischen, das entspannt.
Dame: Ich glaube, wir müssen langsam . . .
Gast: In der Stadt is gar nix los.
Dame: Ein Eissalon hat noch offen. Er zahlt ja Steuer –
Gast: Wie ist das mit Ihnen und der Steuer?
Dame: Zahlens mir an Drink.
Gast: Ihr werdet auch immer teurer.
Dame (schenkt beiden ein): Ich hab gewußt, irgendwas is mit Ihrer Krawatte los –
Gast: Gfallt sie Ihnen?
Dame: Verrutscht is sie.
Gast: Haben Sie jemals Striptease gemacht?
Dame: Zu dick.
Gast: Wenns Essen nicht so gut wär . . .
Dame: Also Prost! – Auf was denn?
Gast: Auf nix. Am Anfang, in der Firma, haben wir uns immer was gedacht dabei.
Dame: Warum sinds immer so traurig? Warum kommens dann überhaupt?
Gast: Zu Haus im Bett bin ich noch trauriger.

Dame: Waren Sie nie verheiratet, vorübergehend?
Gast: Zweimal. Mit derselben.
Dame: Wie lang?
Gast: Wartens, das erste Mal ein' Monat, das zweite Mal zwei, aber die Hälfte getrennt.
Dame: Ladens mich noch auf einen ein?
Gast: Da müssens aber ein freundliches Gesicht machen.
Dame: Geht nicht, ich bin in Zahnbehandlung.
Zweiter Gast: (Tritt mit Chauffeur auf) Heut' lad ich euch alle ein. Seids mir nicht böse, lieber Freund, liebe Freundin. Hier in der Bar hat mein Vater schon verkehrt, bevor ich kommen bin.
Chauffeur: Ich darf nicht –
Zweiter Gast: Wer wird denn so humorlos sein. Eine Flasche Champangner.
Dame (beginnt zögernd Sektflasche zu öffnen)
Zweiter Gast: Keinen Sekt, Champangner hab ich gsagt, bis in die Früh. I feier mein' zweiten Herzinfarkt.
Chauffeur: Sie sind erst einen Tag aus dem Spital heraus.
Zweiter Gast: O du kleiner Herzinfarkt, du. Dein' Direktor so pflanzen. Wennst das nächste Mal kommst, übersiedeln wir alle – die ganze Bar – in den Himmel –

Dame (schenkt ein): Ich merk noch immer nicht den Unterschied zwischen Sekt und Champagner.

Gast: Himmerweit. So wie Weinbrand und Cognak.

Zweiter Gast: Wenn ich stirb, ists mit der Firma aus. Meine Neffen sind Trotteln. Prost.

Chauffeur: Das letzte Mal hat sich der Herr Direktor in meinem Gnack übergeben.

Zweiter Gast: Aber fesch. Kein Wort hab ich am nächsten Morgen darüber verloren. Warum san so wenig Leut unterwegs?

Dame: Sie fürchten sich vor der Arbeitslosigkeit.

Zweiter Gast: I net. Was macht Ihr Freund? Sie haben doch einen ständigen?

Dame: Der ständige is bei einem Taxiunternehmen.

Zweiter Gast (zum Chauffeur): Da seids ihr ja Brüder. Geh ins Separée mit ihr.

Gast: Haben Sie vielleicht freundlicherweise eine Zigarette? Meine sind leider aus.

Zweiter Gast: Aber bitte. (Zum Chauffeur): Gib ihm was, mein Freund. Wie heißt du?

Gast: Fritz.

Zweiter Gast: Der gschlitzte Fritz und das unbekannte Taxigirl. Gehts alle ins Separée. I schau zu. I hab immer schon zugschaut. Das is viel schö-

ner als selber machen. Früher hats noch Geiger geben. Oben hat er gegeigt und unten war sie ... Laß dich einmal greifen, Schatzi. Oben ein Cognac, unten ein Champangner.
Chauffeur (versucht ihn hinauszudrängen)
Zweiter Gast: Wo is die Rechnung? Auf Heller und Pfennig. I komm eh morgen wieder, Saubagage. Keine Mitmenschen. Glaubts, i hab ka Prostata im Leib? (Verschwindet)
Chauffeur: Das geht so bis fünfe. In der Firma schlaft er dann. Gute Nacht (ab).
Gast: Kommen viele solche?
Dame: Die meisten traun sich nicht.
Gast: Was kosts wirklich, wenn man Sie ...
Dame: Ich kann meine Freundin anrufen.
Gast: Aber Sie können doch gar nicht unwohl sein.
Dame: Na, i leist mir den Luxus (räumt ab). Ab morgen hab ich wieder jeden Tag Geburtstag. Da kann jeder seine blöden Sprüch aufsagen.
Gast: Sind Sie Serviererin?
Dame: Bardame.
Gast: Wollens Blumen?
Dame: Kommt keine mehr.
Gast: Dieser plötzliche Aufbruch.
Dame (gähnt): Bei meiner Freundin könnens auch übernachten. Mit Bad und Bidet.

Gast: Jetzt werd ich aufs Bidet gschickt.
Dame: Gute Nacht, i muß in meine Heimat.
Gast: Wo is Ihre Heimat?
Dame: Sie kennens sowieso net.
Gast: Darf ich noch einen –
Dame: Es is nicht der Mühe wert (sie sperrt die Bar zu).

(Ein Burenwurststand. Davor eine ältere Prostituierte und ein Blumenverkäufer.)

Prostituierte: Jetzt regnets erst recht.

Blumenverkäufer: Für meine Blumen zu spät.

Prostituierte: Zwei Kunden hab i ghabt, und morgen wollt ichs zusperren.

Blumenverkäufer: Wann haben Sie zuletzt Urlaub gemacht?

Prostituierte: I darf gar net dran denken ... Rimini ...

Blumenverkäufer: Dort regnets auch. Manchmal.

Prostituierte: Schmeckt Ihnen die Burenwurst?

Blumenverkäufer: Nach Regen.

Prostituierte: Kein Mensch auf der Straßn.

Blumenverkäufer: Warum gehns net z'Haus?

Prostituierte: Einen muß ich heut noch kriegen.

Blumenverkäufer: I kann meine Rosen auf den Mist haun.

Prostituierte: Wie kommen mir dazu?

Blumenverkäufer: Was meinens?

Prostituierte: Na, daß wir so ohne Gewerkschaft ... Ohne Schutz ...

Blumenverkäufer: Ich weiß, wen ich wähl.

Prostituierte: Meine Herren werden immer blöder. Heut war einer aus St. Pölten da.
Blumenverkäufer: Dort gibts doch ein'n Puff.
Prostituierte: Dort san zu viel Leut ... Und man kennt ihn ... Er is in der Handelskammer ... Lang hat er mir erzählt von seinem Beruf.
Blumenverkäufer: Wie Sie das aushalten. Das viele Reden.
Prostituierte: I merk mirs ja nicht. Ausländer kommen so wenig. Das san Festwochen. Blumen ... Einer hat mir Eins-A-Rosen kauft ... Dann is er mir nachgangen von Lokal zu Lokal und hat sich beschwert, daß schon welk san ... Bei Ihnere Händ' wird die schönste Blume welk, hab i gsagt ... Sie können sich nicht vorstellen, was ich für Beschwerden zu hörn krieg. Gut, manchmal komm ich nicht zum Waschen oder zum Schminken. Aber die könnten ja warten. Sofort wollen sies immer.
Blumenverkäufer: Keine Erotiker.
Prostituierte: Bei die Kongresse kommt manchmal einer.
Blumenverkäufer: Mich laßt oft mein Gärtner im Stich.
Prostituierte: Warum tun wir das alles.
Blumenverkäufer: Weil wir in unserm Wien bleiben wollen. Aus welchem Bezirk sind Sie?

Prostituierte: Essling . . . I weiß gar net, was für ein Bezirk das is.

Blumenverkäufer: Ich bin von Währing.

Prostituierte: Schmeckt Ihnen die Burenwurst?

Blumenverkäufer: Seitdem ich weiß, was die da einehaun.

Prostituierte: So arg is das?

Blumenverkäufer: Sehr arg. I geh heut nirgends mehr hin.

Prostituierte: I wahrscheinlich a net. Übermorgen hab i Untersuchung.

Blumenverkäufer: Das könnt i net jeden Monat . . .

Prostituierte: Das is sehr unangenehm. Scheußlich is. Ärger als der ärgste Klient.

Blumenverkäufer: I steh so blöd da mit meine Blumen. Wollns eine?

Prostituierte: Bei dem Regen? (Nimmt zögernd die Blume) Die tun mir ja leid.

Blumenverkäufer: Sie haben ein gutes Herz.

Prostituierte: Drum bin i ja so weit kommen. Erst kommt einer, da machts Spaß, dann kommt der Nächste, da wirds erst richtig. Beim Achten oder Zwölften weiß man, was man will, und wenn man an die Zwanzig is, sagen schon manche Hur. Manchmal auch: liebe Hur . . . Oder: Frau Hur . . .

Blumenverkäufer: Sind Sie manchmal auch leidenschaftlich?
Prostituierte: Wanns richtig lauft und der Herr entsprechend jung is. Amal in der Zeit.
Blumenverkäufer: Und Ältere? Können doch auch zärtlich sein.
Prostituierte: Was die oft machen, das kann ich Ihnen gar nicht erzählen.
Blumenverkäufer: Nichts Menschliches ist mir fremd. Habens amal einen Neger ghabt?
Prostituierte: Ja, öfter.
Blumenverkäufer: Stimmt das, was man so sagt?
Prostituierte: Na, schwarz sans net unten, wenns das meinen. Unter der Vorhaut san alle gleich.
Blumenverkäufer: Interessant. Und die Chinesen?
Prostituierte: Die lachen immer dabei.
Blumenverkäufer: Darf ich Sie noch zu einer Burenwurst . . . Oder wollns a Debreziner?
Prostituierte: Na, na, meine Linie, die halt ich mir. Gegens Alter kann man nix machen. Aber bei der Figur bin i stur. I fürcht mi oft.
Blumenverkäufer: Was denn?
Prostituierte: Daß einer amal alte Hur zu mir sagt.
Blumenverkäufer: Aber bei Ihrer Erscheinung. Die Haar . . . Der Blick . . .

Prostituierte: Hörens auf, wir san ja Kollegen. Wie heißen Sie?
Blumenverkäufer: Znirsch.
Prostituierte: Sie müssen doch einen Vornamen –
Blumenverkäufer: Herr Znirsch.
(Geräusche der Rettung)
Prostituierte: Schon wieder ein lieber Herr Toter.
Blumenverkäufer (lachend): Sie spinnen ja.
Prostituierte: Vorige Wochn habens a Kollegin von mir erwürgt ... Keine Spur vom Täter. Nasenpeter haben wir zu ihr gsagt. So a Nasn, und tot.
Blumenverkäufer: Gehn wir z'Haus.
Prostituierte: Seitdems den Strich verlegt haben, is überhaupt nix los.
Blumenverkäufer: An Kunden wüßt i noch.
Prostituierte: Wen?
Blumenverkäufer (zeigt auf sich): Mich.
Prostituierte: Herr Znirsch, das is wirklich net notwendig.
Blumenverkäufer: Habens Angst vor mir?
Prostituierte: Mir kennen sich schon so lang.
Blumenverkäufer: Na? Und das is unsere Zeit. Aber anstrengen müssens Ihnen schon.
Prostituierte: I kanns noch immer net glauben.

Blumenverkäufer (gibt ihr den Blumenstrauß): Ich bitte.
Prostituierte: Na gut (hakt sich ein): Vielleicht mach ich auch einen Sonderpreis. Ausverkauf. Komm.
Blumenverkäufer (im Abgehen): Die Burenwürst müssens Ihnen aber selber zahln . . .
(Dunkel)

(In einer Telefonzelle. Ein Herr wartet draußen.) Dame: Aber Edesch, ich habe dir alles erzählt. Der Pferdewagen wartet in Klein-Steindorf ... Magyar-Szöged – dann mußt du nix fragen, einfach links. Ja, gibt zwei linke Straßen. Mehr nach Richtung Sopron zu ... Andere geht nach Szombately ... Du kannst auch mit Auto kommen. Aufmachung ... Ja, Dirndl ... Winterdirndl ... Wie du warst bei den Mybareks ... Macht nix ... Ich werde dir erklären, was mit den Mybareks los ist. No, er is doch so penibel ... Macht Geschäfte mit englischen Pfeifen. An der Ecke wirst du sehen Szigny ... Sie wird erklären ... Nein, mitbringen nicht ... Sind ganz privat ... Drum hab ich Ferry nicht eingeladen. Macht immer so viel Lärm ... Du, wenn du fahrst, fahrst am Friedhof vorbei, du wirst dich doch nicht fürchten ... Wein und Bohnensuppe, alles da. Und Ida. Ist geschieden ... Geht nach Amerika. Was macht dein Laczi? Bözsi schaut nur mehr auf rechtem Aug, ist einäugig. Aber beim Monokel man sieht nicht so sehr. Also siehst du links Schloß, die Allee. Die andere Straße sind wir über Grenze gegan-

gen. Geza hat sich sehr gefürchtet. Hat gesagt, immer noch besser Russen als gar nix. Wollte nicht ins Wasser steigen. Vorher hat er Heimatboden geküßt. Hat zu seinem Pech Roßknödeln erwischt. Also wenn du nicht so zum Schloß kommst, fahrst du rechts. Da ist Licht, und wenn du das nicht siehst, hinterm Schloß herum. Wo Wassergraben ist. Janos hat gebaut. Hast du Schwimmanzug mit? Und es gibt Fischsuppe, es gibt Gulasch, Schmalzbrot, einfach Hendeln. Vielleicht kommt Hasany zaubern. Hast du schon gesehn? Also weißt du alles. Servus.
(Sie kommt aus der Zelle heraus. Der Mann, der gewartet hat, geht hinein.)
Entschuldigen Sie, meine Freundin ist tot, da muß ich mich doch um sie kümmern.

(Ausflugspunkt im Wienerwald. Das erste Dreieck schleppt sich auf die Wiese, schnauft und betrachtet Wien.)

Erste Frau: Herrlich –

Zweite Frau: A bißl dunstig is.

Erste: Da hätt ma früher aufstehn müssen.

Zweite: Man kriegt ihn eh so spät aus den Federn.

Der Mann: Wann i mein Radio net ghört hab, mein Kaffee mit'm Kipfl gessen hab, wann i net zum Fenster aussegschaut hab, a bißl wenigstens, dann is ma net guat. Du merksts am Atmen.

Zweite: Aber die Vogerln . . . Das ist jetzt ein Buntspecht.

Mann: Die Virginia wird mir schmecken.

Zweite: I möcht mir meine Schuh ausziehn.

Erste: Da is ein Bankerl. Daß es das noch gibt.

Mann: Na ja, es is ja immer noch ein Grüngürtel (raucht, genießt). Das is a Luft.

Erste: Um diese Zeit voriges Jahr war der Toni schon auf der Wilhelminenhöhe.

Zweite: Da hat er sich auch um die Luft nicht kümmern müssen.

Erste: Nach zwei Tagen wars aus.
Mann: I hab mir nie was aus Blumen gmacht. Bis wir z'Haus kommen, sans hin.
Erste: Aber bis zum Grab haltens. Am Bankerl sind soviele Herzerln. Es leben noch genug junge Leut'.
Zweite: Die vielen Häuserblocks . . . I kenn mi gar net aus –
Erste: Na und modern sans. Wir werdens nimmer erleben.
Mann: I brauch nix mehr erleben. Mein Alter reicht mir.
Zweite: Jetzt seh ich genau, wo ihr wohnts.
Erste: Du irrst dich.
Zweite: Wennst von der Kirchen rechts schaust.
Erste: I siech ka Kirchn.

(Glockengeläute)

Mann: A Begräbnis.
Zweite: Laßts ihr euch verbrennen?
Erste: Wir reden noch drüber.
Zweite: Weil die haben einen großen Andrang.
Erste: Wir haben Verbindungen.

(Ein zweites Dreieck klimmt mit einer Decke herauf. Sie breiten die Decke aus.)
Der zweite Mann (setzt sich): Wann waren wir zuletzt da?

Die zweite Frau aus dem zweiten Dreieck: Es darf nicht mehr wahr sein.
Die erste Frau aus dem zweiten Dreieck: Wir hätten uns den Tag nicht schöner aussuchen können.
Der zweite Mann: Lassen wir uns verbrennen. Da sind wir nicht vom Wetter abhängig.
Zweite Frau: Du hast eine so schöne Rede gehalten beim Ludwig über die Musik.
Der zweite Mann: Der Chor hat noch nie so gstimmt. Na ja, der Ludwig war halt net da.
Zweite Frau: Immerhin und gewissermaßen schon. Ob wir nicht doch ein Gewitter kriegen. Die Querzenbachhütte ist zu Fuß immerhin a Viertelstund.
Der zweite Mann: Das nutzt bei einem Blitz auch nix.

(Die erste Gesellschaft hat sichs noch bequemer gemacht)
Erste: In der Nacht müßt man den Hochstrahlbrunnen sehn.
Zweite: Bei Tag wärs a Lichtverschwendung.
Mann: Wer fragt danach. (Zur anderen Gesellschaft:) Haben Sie zufällig eine Zeitung?
Der zweite Mann: Leider.
Mann: Woher sind Sie?

Der zweite Mann: Aus Himberg.
Erste: So viel hört man davon und kommt sein Leben nicht hin.
Zweite: Heuer waren gar keine Maikäfer.
Die erste Frau aus dem zweiten Dreieck: Es geht auch so –
Die zweite Frau aus dem zweiten Dreieck: Kaum is Sommer, denkt man schon wieder an den Herbst.
Der zweite Mann: Mir is plötzlich so kalt.
Zweite Frau aus dem zweiten Dreieck: Weil du auch immer schwitzen mußt.
Der zweite Mann: Wenn du einen Rucksack mitgenommen hättest, hätt i net gschwitzt.
Mann: Du sollst keine Grashalme zuzzeln, davon kriegt man . . .
Erste Frau: An so einem herrlichen Tag, und du mußt an Krebs denken.
Erste Frau aus dem zweiten Dreieck: Er is wieder einmal im Ansteigen begriffen.
Der zweite Mann: Da heroben merkt man nix.
Zweite Frau aus dem zweiten Dreieck: Schau, was ich jetzt gfundn hab, an Klee. Aber der is ja gar net vierblättrig.
Erste Frau aus dem zweiten Dreieck: Drei, dreiblättrig. Ganz selten.

Zweite Frau aus dem zweiten Dreieck: Die Vierblättler sind schon degeneriert.
Der zweite Mann: Wenns regnet, wirds wieder besser.
Erste Frau aus dem zweiten Dreieck: Was denn?
Der zweite Mann: Alles.
Erste (schlägt um sich): War das a Biene oder a Wespe?
Zweite: Sie gibt den Honig, aber was gibt der Heuschreck?
Der zweite Mann: Ich hab grad an zertretn. Das Grün is heut besonders schön.
Zweite Frau aus dem zweiten Dreieck: Willst a Zigarettn?
Der zweite Mann: Eigentlich dürft ich nicht (er nimmt eine Zigarette, zündet sie sich an).

(Zwei Frauen schleppen einen Mann auf die Wiese)
Erste Frau des dritten Dreiecks: Was hast denn für einen roten Kopf? Schäm dich, direkt lila.
Der dritte Mann (stöhnt nur).
Zweite Frau des dritten Dreiecks: Die Segelflugzeuge gleiten so harmlos dahin, daweil soll das hochgefährlich sein.
Erste: Mir kommen so Erinnerungen.

Zweite: Wie da so viel Ameisen wimmeln können.
Mann: Die ganzen Ostereier habens uns weggefressen.
Erste: G'hört vergast, die Bagage.
Erste Frau aus dem zweiten Dreieck: Siehst den Tempel mitten in unserer schönen Stadt?
Der zweite Mann: I will kan sehn und i seh auch kan. Wozu hätten wir dann jahrelang gearbeitet.
Der dritte Mann (stöhnend): A Bier.
Erste Frau des dritten Dreiecks: Zuerst wird die Guido-Lelach-Warte besichtigt.
Zweite Frau des dritten Dreiecks: Jetzt haben wir den weiten Weg gmacht und jetzt . . .
Erste Frau des dritten Dreiecks: Gestern hab ich ihn a Stund' länger lassen, an der Eckn beim Preisslinger.
Der dritte Mann (stöhnt): Preisslinger . . . (Die zwei Frauen zerren ihn weiter) Gebts mir wenigstens a Wasser.
Erste Frau des dritten Dreiecks: Er soll sichs aus seine Fiaß nehmen. (Das finden alle Dreiecke komisch und lachen.)
Erste: Jetzt kommt der Tau (sie steht auf).
Zweite: Der Toni hätt a Freud ghabt. Fußball hätt er g'spielt. Bloßfüßig.
Mann: Gehn ma.

Erste Frau aus dem zweiten Dreieck: Einmal schaun wir noch ins Tal.
Der zweite Mann: Gibts auf der Hüttn an Ribiselwein?
Erste Frau aus dem zweiten Dreieck: Geh, du mußt so oft aufs Klo.
Der zweite Mann: Nur a Bauernklo.
Erste Frau des dritten Dreiecks (singt): Ich blickt vom hohen Berge wohl tief hinab ins Tal.
Zweite Frau des dritten Dreiecks: Und der Himmel lacht dazu.
Der dritte Mann (kollert die Wiese herunter, bleibt leblos liegen).

(Die Männer verabschieden sich, die Frauen dito)
Erste Frau des dritten Dreiecks: Wenn er wieder aufwacht – wir gehn inzwischen zur Warte.
Zweite Frau: Wir zur Hütte.
(Alle auf Zehenspitzen ab.)

Epilog

(In der Mitte der Stadt eine riesige Baugrube. Gaffende und Glotzende auf dem Weg ins Büro)

Der Gaffende: Lauter Ausländer –

Der Glotzende: Die habens nicht so schwer. Bei denen geht die Sonne früher auf.

Gaffender: Wozus das machen mit dem Sonnenuntergang, san eh immer im Dunkeln.

Glotzender: So hab ich mir als Bub die Reise zum Mittelpunkt der Erde vorgstellt . . .

Gaffender: Und was machens unten so? Wie du dirs vorgstellt hast?

Glotzender: Rübezahl hab ich kan gsehn . . . Die sind in der Früh schon da, die Ausländer. Das ärgert mich . . .

Zuschauer (nähert sich): Morgen! Ich zünd mir jetzt meine erste Zigarette an . . .

Gaffender: Wenns das verschieben mit der Ersten, is gleich ein ganz anderer Tag.

Glotzender: Dann haben Sie eine weniger in der letzten Stund . . .

Zuschauer: Na schlecht! – Wo kann man besser die Zeit überblicken als hier? Eine Burenwurst . . . Zum Einiknacken . . . Die heftige Arbeit ... Die Geräusche ... Daß man sieht, was gschiecht in unserm Land ... Du bist der lebendigste Mensch ...

Glotzender: Ich weiß nicht, sind Sie ein Optimist oder ein Volltrottel?

Zuschauer: Merkwürdig, da haben sich schon viele Leute den Kopf darüber zerbrochen.

Gaffender: Merken Sie ... Das Leben ... Der Staat ...

Zuschauer: Ein mattes Vorleben verliert den Charakter.

Glotzender: Gut war er ja nie, der Charakter, aber fesch.

Zuschauer: Wien wird um ein Wahrzeichen ärmer.

Glotzender: Sollns Mannerschnitten essen und das Riesenrad hinstelln.

Gaffender: Das schleift ja dann die ganzen Häuser.

Glotzender: Wir haben eh zu wenig Bunker fürn nächsten Krieg.

Zuschauer: Was wissen Sie vom Krieg, mein Herr? Mit meinen Händen, Nationalsozialistenhänden – Schwielen hab ich ja bekommen.

Glotzender: Sie hätten sich mehr in die Tiefe begeben solln.

Zuschauer: So tief kann ich gar nicht sinken, mit Ausländern arbeiten.

Gaffender: Mit wem wollens dann arbeiten?
Zuschauer: In der Stadthalle.
Gaffender: Was wollens da machen?
Zuschauer: Einen Kirchturm drüber. Nicht anschaun kann ich die Pestgrubn. Und den Augustin habens auch abtransportiert, und die Pest ist geblieben.
Glotzender: Glaubens, da paßt ein Espresso hinein?
(Eine Zeitungsfrau sperrt ihren Kiosk auf)
Zeitungsfrau: Hundert Lire, zehn Pfennig, tschechische Kronen, vielleicht kann ich einmal dort hinfahrn damit.
Zuschauer: Sans froh . . .
Zeitungsfrau: Heut war wieder ein Nachtleben, a Konkurrenz, die nur bei Tag kommt. Habens das eigentlich schon bemerkt, daß Araber faul san?
Zuschauer: Die müssen doch ihr Gebet verrichten.
(Die Sonne überlegt, ob sie aufgehen soll, ändert ihren Entschluß, es bleibt dämmrig.)
Zeitungsfrau: Ich möcht wissen, warum die Tiroler lustig san?

(Dunkel)